陶瓷兔子——著

成熟

MATURE

北京联合出版公司
Beijing United Publishing Co.,Ltd.

图书在版编目（CIP）数据

成熟 / 陶瓷兔子著 . -- 北京 : 北京联合出版公司 , 2019.7

ISBN 978-7-5596-3315-6

Ⅰ . ①成… Ⅱ . ①陶… Ⅲ . ①成功心理 – 通俗读物 Ⅳ . ① B848.4-49

中国版本图书馆 CIP 数据核字（2019）第 103000 号

成熟

作　　者：陶瓷兔子

选题策划：北京宏泰恒信文化传播有限公司

责任编辑：昝亚会　夏应鹏

策划编辑：王　萌

封面设计：三形三色

版式设计：王玉双

责任校对：罗　盛

北京联合出版公司出版

（北京市西城区德外大街 83 号楼 9 层　100088）

晟德（天津）印刷有限公司印刷　新华书店经销

字数 200 千字　880 毫米 ×1230 毫米　1/32　10 印张

2019 年 7 月第 1 版　2019 年 7 月第 1 次印刷

ISBN 978-7-5596-3315-6

定价：45.00 元

前　言

你好呀，见字如面，很开心认识你。

你翻开的这一本，是我的第五本书，但我的确是在这一年，才忽然意识到自己的确还算是个不差的作者。

二〇一五年，我刚出了自己的第一本书，受一位编辑姐姐邀请去参加一个行业聚会，跟我同桌的有好几位都是行业大牛，我紧张到手心冒汗，硬着头皮做完自我介绍时，我身边的一位大神接了一句："你写的是鸡汤呀。"

他说这话的时候是带着笑的，甚至还有点想要帮我放松下来的善意，我虽然明白他的好意，却因此更加自惭形秽。

我们那一桌啊，有的是某知名报纸的首席记者，有人的连载小说在网站上创下了破千万的阅读量，可我写的只是因一件琐事而生的感悟，成长中某个瞬间的小心思。从招数到段数，好像都低人一等。更别提后来公众号泛滥之后，大量涌现的鸡汤文让人们直接将其与无脑励志和口水套路画上了等号。

我曾经太多次地问过自己，我写的真的是鸡汤吗？如果不是，那它是什么？

我也曾经无数次因为没办法提供“喝汤的勺子”而陷入纠结，但是，哪有什么人生难题是用一两千字能够说清楚的？就连听上去最简单的“情绪控制”，市面上专门研究这个话题的书都有几十本。

而我真的想要把每个问题都当作一本“专著”来写上几十万字吗？说实话，我也不知道。

就是带着这样拧巴的心情，我从二〇一五年走到了二〇一九年，一直在写，但也一直没有找到适合自己的定位。就在二〇一八年年底，我陪一位朋友去做一场活动，活动最后留了十几分钟的提问时间，有个大学生模样的女孩儿举手问了我一个问题：

“我二十一岁了还没谈过恋爱，要怎么才能找到一个合适的男朋友？”

这问题听上去特别简单，但真的想要给出一套方法，我至少得大概了解一下她的性格、说话方式和生活习惯，甚至是她的原生家庭情况。

任何一个细枝末节都足够拿来聊一整个下午，天知道我要怎么在短短的两分钟之内，帮一个女孩儿解决二十一年都找不到男朋友的问题。

于是我只好拿出鸡汤作者“我给你讲个故事”的看家本领，给她讲了我身边的一位朋友以二十八岁的“高龄”遇到初恋，怎么一见钟情修成正果的故事。

说实话，讲的时候蛮心虚的，我很怕在那个女孩儿的脸上看到哪怕一点点“我问的是我自己，又不是你朋友”的困惑和不屑，我脑子里的小剧场甚至已经配上了画外音：你看，果然是什么问题都解决不了的鸡汤作者吧。

但是没有。

那个女孩儿站在离我很近的地方，我看到她点头，看到她的眼睛一点点亮起来。活动结束之后她要了我的微信，晚上发来一段消息：

“看着身边的女同学早早就跟人出双入对，我一直觉得是我自己有什么问题才谈不了恋爱，但今天我忽然明白了，不是所有人的爱情都需要预演，可能对我这样的人来讲，它就是一见钟情，在它来之前，我只要好好做自己该做的事就够了。

“谢谢你，虽然我们才认识几个小时，但我觉得你懂我。”

我是在看到她的微信消息的那一瞬间，忽然明白了我这些文章存在的意义。

哪有那么多人真的需要一二三四的方法论？对大多数人来讲，倾诉只是为了让自己被懂得。

我的读者并不需要我握着他们的手教他们如何使用勺子，他们来找我提问，告诉我他们的故事，不过是想从我这里得到一个答案：

是的，你不是一个人，还有许许多多你未曾谋面之人，跟你奋战在同一战线。

他们跟你一样，每天都为了做自己而努力，但又不确定自己想要的到底是什么；

他们跟你一样，会间歇性地踌躇满志，持续性地混吃等死，每天从早到晚像是坐过山车；

他们跟你一样，为了跟舍友的关系而纠结，因为跟父母闹矛盾而不知所措，因为内心戏满满而总是跌倒在同一个地方，在职场上跌过一些很蠢的坑，一个人经历过很多很冷的夜。

我很喜欢美剧里的一句安慰人时常用的台词：

I've been there.

我经历过你所经历过的痛苦，我感受过你的孤独，我知道你的烦恼是什么模样的，因为它也曾经那么多次困扰过我。

但我走过来了，所以你也可以。

人生中有很多痛苦，都来自于不可描述的孤独，而我写下这一切的意义，并不是想要教任何人按部就班地去模仿，而是想让看到它的每一个人知道，不，你永远不是一个人在战斗。

就像拉斯·努列（Lars Noren）那首诗里写的一样：

这条路也许不通向任何地方，但有人从那边过来。

我无法代替你解决人生中的任何一个难题，但我会告诉你，我自己，还有我身边的人，都是怎么渡过难关的。

我无法用一本书把你变成很厉害的人，但我会陪着你，直到你变成自己想成为的那个人。

我们相遇，那就够了。

目　录

别在最好的年纪满足于做自己

002

忽然不想努力了，怎么办

真正聪明的人，都很会“要”

没能活成千军万马，真是抱歉啊

身段要软，手段要硬

我最好的样子，是你爱出来的

别在最好的年纪满足于做自己

所谓强大，不是“我不听我不想我不在乎”，而是学会从那些让你痛苦的否定和质疑中找到出路。

别在最好的年纪满足于做自己

九五后的实习生小蒙一早把我拉进会议室，委屈地求我："姐姐我求你了，我真的不想去做销售，只要能留在项目部，加班出差什么的我都愿意，我昨晚一夜没睡着，觉得我也没做错什么事呀，为什么要把我赶走？"

我跟她解释了半晌，比如每个新人经过培训后都有可能被分配到不同的部门，比如我们的销售部也用不着赔笑和陪酒，比如她所表现出的沟通能力和应变能力更适合前端的销售而不是项目的跟进。可她始终坚定地摇头：

"不行啊，我不合适。

“我是上升的双子，我们这种星座内向指数有 80% 呢，职业性格测试和九型人格测试我也做过，都是很专业的性格测试，说我比较适合创意型工作，我这种内向安静的理想主义者，跟销售的岗位需求出入太大了，想想就觉得很痛苦。

“我很喜欢公司，但我也很想做自己。”

我跟 HR 协调之后，应她所求把她留在了项目部，小姑娘拉着我千恩万谢，可我却觉得有点惋惜。

她或许可以成为一个很优秀的销售明星呢，她或许会发现自己并没有想象中的那样木讷和内向。

很多时候，我们身在局中，只能看到那些已经被确认过的东西，却对自己的潜质和潜力一无所知。

而在这个时代里，我们太容易弄懂自己了。

从星座到专业详尽的性格分析，再到高大上的基因检测，从那一组一组的数据和曲线中，我们很容易就能找到与自己有关的那个坐标。

A 型血的人内向；金牛座的人固执；RS1725651 基因让你容易喜怒无常。

我们在层层数据中确认与自己相符的那个点，又因为深信不疑而将这个点无限放大，成为贴在自己身上的一个标签，风吹不掉，雨打不去。

你一定也听过用这种句型开始的对白：

“像我这样的人……”

“我们天蝎座的人都……”

“我是 ×× 型人格，这种类型的人就是……”

那与其说是通过自我观察得来的体会，不如说是迷信或科学批量生产的分类标记，这样的标签有时会让我们头疼，但更多时候，则像是我们的保护伞。

它帮助我们绕过了很多弯路，让我们轻易就能找到自己的定位和归属，但同时，它也让我们远离了任何可能让我们不那么像自己的尝试和挑战。

心理学上有个概念，叫作自我一致性。

凡是我们相信的，我们会不遗余力地搜集对自己有利的证据。

凡是亲口说出的，我们会费尽心思地去维护乃至证明它。

我们被标签定义，然后反过来证明那些贴在身上的标签是正确的，那些帮你弄懂“你是谁”的数据和分析是可靠的。这就像是一条轻而易举就找到的人生的捷径，但同时，也让你失去了看到新鲜风景的可能。

第二期的《奇葩大会》上，来了个叫刘可乐的女孩儿，我在前一期的预告中看到她简短的自我介绍：

我叫刘可乐，躁郁症（双相情感障碍）患者。

我原以为那会是一场类似“何为躁郁症”“躁郁症的种种表现”以及各种“死去活来”的科普式现身说法，可是并没有。

她只是轻描淡写地介绍了有关躁郁症的基本常识，而更多的时间，是在讲述她在自我治愈和帮助他人的过程中的心路历程。

最打动我的，是在最后一段中她讲到的那个小细节：

每次在看心理医生之前会做一个测试，测试的最后有两道题——

你觉得你有双相情感障碍吗？你觉得你需要治疗吗？题目的下面有三个选项：

是的，我觉得我有

可能吧

我觉得我没有，不需要治疗

听起来很奇怪的，对吧？好像病理上的躁郁症不过是自己说有就有，说没就没的一道选择题，而当她第一次选择了最后一项时，她的治疗师告诉了她设计这两道题目的初衷：测试你到底还在不在乎你对自己的看法。

是拿着一个已知的标签黯然离场，还是去追求一个崭新的可能。

一个人是他自己，带着他所有的优缺点、性格、习惯等出厂设置，但一个人同样可以成为比自己更好的人。

自我的心理暗示何其强大，只要你不满足，只要你不停下，就永远有机会突破现有的壳，走向更远更亮的地方。

别心急，但也别认命。

很喜欢宋涵的那句话：

你怀里的自我，是玻璃缸里的金鱼，生怕一碰就会掉在地上再也无法补救，还是更像一只兔子，这只兔子会长大，会蜕变皮毛的颜色，甚至会跳出去撒野，但它永远归属于你。

它机灵好奇而又不改初衷，它想拥有更大的视野，保持对这个世界最真实的判断，哪怕真实意味着推翻你曾经坚信不疑的所谓事实。

做自己没什么了不起的，真正厉害的，是成为自己想要成为的那个人。

毕竟这世上最遗憾的，从来不是求而不得，而是你本可以。

毁掉你一生的预言魔咒：我不行

一位读者发来长长的邮件求助，我们聊了好几个小时，聊到最后，我俩都很崩溃。

她二十五岁，大专毕业，在一家私企做前台，被公司老总看中，各种暗示要她做自己的小三，而她的回应，则会直接反映在她的工资单上。

若她冷脸拒绝，工资就会以“着装不整”“绩效差”等莫须有的理由被扣掉三百到五百。若她顺水推舟，陪他吃一顿饭或者任他摸摸小手，次月的工资则会多出几百到一千的奖励。

她的工资本来就没多少，又正好处在年轻女孩儿最爱买买买的年龄，好几次她都想辞职，却一直没能提起勇气，偷偷面试了好几家公司也没成功，于是绝望地问我该怎么办。

我建议她，一边留心收集老板骚扰她的证据力求自保，一边学习一些职场上的实用技能，至少 Word、Excel、PPT 之类的办公软件都得会。

她说："你说得很对，可我又没学历又没能力，年龄也不小了，还来得及吗？"

我哭笑不得："你才二十五就觉得来不及，那我怎么办？"

"可我跟你不一样啊，我天生就不是学习的料。"她发了一个摊手的表情，"其实前几年也想学点东西来着，可是一翻书就瞌睡，我天生不适合学习，不然也不至于做前台了。"

她最后总结："学什么都学不会，做什么也做不好，像我这样的人，肯定也找不到什么好工作吧。"

美国社会学家罗伯特·K. 默顿（Robert K. Merton）提出过这样一个理论：

我们所抱有的信念和期待会影响我们的行动，使行动变得更积极或消极，从而使我们的期待成真。

这个理论被称为"自我实现的预言"。

举个例子，你出门去参加准备了很久的一场面试，刚出门就被飞驰而过的汽车溅了一身泥水，你立刻就敏锐地意识到，这是上天给你的暗示，你今天出门不利，面试肯定会出问题。

抱着这样的想法，你在面试中非常紧张，连很多准备过的问题都答得乱七八糟，果不其然，面试失败。于是你说：看，我早就知道，今天一定会失败的。

可是真正让你失败的，是那一身意外的泥水，还是你一直在告诉自己“今天肯定完蛋”的内心？

这就是自我预言的吊诡之所在，你先给自己贴上一个标签，然后绞尽脑汁地搜集各种证据去证明这个标签是正确的，即便那标签本身就是你努力回避的魔咒。

我上初中的时候数学一直不好，恰好我父母的数学也不大好，于是我便笃定自己的数学成绩肯定没办法提高了，毕竟家族遗传就在那儿摆着，再努力也很难有突破。

因此，每堂数学课我都偷偷看小说打发时间，作业也全靠借同学的来抄，到了考试的时候，成绩自然差得一塌糊涂，而这又印证了我对自己的预期：我没办法学好数学。

印象很深的是高中第一次期末考试，我撞了大运，连猜带蒙地答对了所有选择题，数学成绩居然提高了三十多分。

数学老师把我叫去办公室，指了指试卷：“这次考得很不错啊，今后上课认真听，成绩还能提高。”

“就我？我不可能提高的，后面几道题我都是瞎蒙的，狗屎运而已。”

他叹了口气：“一直觉得你挺聪明的，反应快，逻辑能力也好，只要认真一点肯定没问题。

“我都相信你可以，你为什么不信你自己？”

于他而言，那可能不过是一句鼓励学生惯用的鸡汤，但是对于我来说，它却像是神奇的咒语，之前压根看不懂的公式，忽然间就明白了，之前怎么解也解不开的方程，忽然就变成了最简单的填字游戏。

回头看去，改变的契机的确在他的那句话。与安慰无关，与鼓励无关，他只是让我意识到，其实我不仅仅是我想象中的那个自己，我还能实现另一种可能。

只要那么一点点的动摇就够了，当你撕开遮掩你的幕布，舞台上就有了光。

我们都会成为自己预言中的自己。它既是你我对未来的期许，又是对过去经验的不断提炼和总结，而这两者交织，便成就了一个人的命运。

李笑来老师说过这样的一句话：

不要总是抱怨，因为你终究会活成你自己嘴里的样子。

你越是抱怨学习难，就越解不开那道方程；

你越是抱怨老板坏，就越难跟他搞好关系；

你越是觉得自己不值得被爱，就越不会遇到生命里对的那个人。

归根结底，我们只会遇到那些我们认为自己“配得上”的东西。

这也是为什么有的人明明很痛苦，却没有能力改变的原因。他们误以为自己的问题出在职业上，出在能力上，想过其他各个方面，却唯独没有想到自己心里的那个声音。

想要改变自我实现的预言，可以尝试以下三步：

1. 保持翔实的记录

将你所做的事情翔实地记录下来，而不是只记录符合自我预言的那部分，不要让记忆去筛选事实，把事件记录下来定期回顾，可以让你发现另一个自己。

举个例子，如果你认为自己不喜欢社交，可以把每次社交场合中自己的感受都写出来，不要回避正面的感受，比如邻居跟你热情地打招呼，让你觉得非常开心。

2. 在做重要的事前，多回顾自己成功的经历

你的生活中总会有那样的一刻，让你觉得自己很充实、很成功、很满足，像是站在世界的巅峰。

比如考了第一名，比如暗恋的男孩儿也喜欢你，比如拿到第一份聘用函。

在做重要的事情之前，多回忆这样的时刻，可以快速增加一个人的自信。

3. 多接触那些有成功经历的人

说白了，其实就是耐着性子听别人吹牛。若对方说的都是真的，你收获经验；若对方说的都是假的，你收获勇气。

无论如何，总比一群人聚在一起苦兮兮地抱怨天抱怨地要好。

毕竟，这世上最遗憾的不是失败，而是“我本可以”。

毁掉你人生的不是懒，而是托付感

前几天听罗胖的语音，有一条特别有意思。

罗胖的一位同事在公司里创建了一个学习小组，小组里的每个人都有不同的分工，去追某个领域的消息，然后大家互通有无，扩充自己的知识库。

所以，罗胖的公司在招聘新人时，在面试中加入了这样的一个问题：

如果你有一个月的空闲，可以专门去研究一个问题，你会研究什么？

有趣的是，这样一个简简单单的问题却会让有些人彻底蒙掉，就是现场给他时间他也说不出来。也有人能瞬间说出好多。

或许不见得会去做，但“说得出来”这件事本身就是一种自定义任务的能力，属于个人的长期优势，它就是这样一点点积累起来的。

说实话，听到这个问题的时候，我也卡了壳，我看着早高峰的车水马龙，像一台被强制关机的电脑，大脑瞬间陷入一片空白：

如果我有这一个月的时间，我该做些什么呢？老板会希望我研究哪个方向？同事们会给我什么建议？我该去问谁才能得到最好的答案？

恨不得有一张可供选择的清单摆在我面前，哪怕只剩下一个可选项，也比我自己漫无目的地瞎琢磨要好。

然而这个念头本身就让人感到无比丧气，就好像我这些年拼尽全力做完的一切，都只是为得到那张可供挑拣的标准化清单，而不是为了选择自己的生活。

忽然想起刚上班的时候，有位三十多岁的同事的感慨：“年龄越大，越是不敢不上班，倒不是因为有多缺钱，而是离了这朝九晚五，都不知道还能干什么。”

我当时还刻薄地在心底嘲笑她活得有多逼仄，可几年过去，离开了那个告诉我“你该做 ×××”的声音，我也成了那个找不到方向的人。

我们将自己的生活托付给别人太久，久到都忘记了自己曾有过选择。

还记得上高中的时候，去参加一个姐姐的婚礼，那个姐姐的父亲是我父母的同事，他在致辞的时候热泪盈眶：“她的前半生是我们的掌上明珠，从今天起，她的后半生就都交给你了，你一定不要让她受气受委屈，得一辈子对她好。”

现场掌声雷动。可我看着新娘子姐姐望着她的新郎，满眼的崇拜中带有些许的娇羞和顺从，总觉得好像有哪里不对，但却说不出原因。

他们婚后的日子并不是很幸福，男人长相俊秀事业有成，拈花惹草早成了习惯，她使尽浑身解数只为防着外面那些“狐狸精”，动辄疑神疑鬼，后来索性辞职回家。两人摩擦不断，甚至还动过一两次手。

她像是被吸干了精气神一样快速地老去，整张脸写满了悲苦和对生活的怨怼，见人就像祥林嫂一般说起老公的种种不是，最后以一句长叹结尾：“他说过他会对我好的……”

再后来我们搬了家，关系也就慢慢淡了，只是有次听我妈无意中感慨了一句：

“那个小 Z 真不容易，一个人照顾一对瘫痪的公婆，看上去都老得像四十岁了。倒是老公感念她这份恩情，也肯多回家几次。

“可惜了的孩子啊，学历好长相也好，年纪轻轻就拿到了公费出国的机会，为了守住一个男人不管不顾，人倒是守住了，可自己也被耽误了。”

我是在那一瞬间想通了在她的婚礼上，我那点莫名的违和感到底出自哪里。

她的一生，就那样轻易地被托付给了一个人。

开始是被她父母，然后是被她自己。

她付出的那些心力，不亚于任何一个在职场上浴血拼杀的年轻人。可那些本可以为她开疆拓土的努力，都成了在婚姻牢笼中的困兽之斗。

我们好像都是这样的。

找份工作，就希望自己能遇到一个五好老板；

嫁个人，就希望他能满足自己对幸福的所有渴求；

就连看篇文章，也希望作者能给出一个问题的一千一百种解法。

看上去好像很忙，但也不过是忙着将自己的人生切割成很多小块，分别托付给不同的人，希望那些人能事无巨细地告诉我们该怎么做才能得到最好的结果。

如果我们遇到的人很糟糕，我们的生活便会随之损毁。

我们从不愿意承认那也是自己的选择，一旦承认了，就意味着你将失去抱怨的资格，我们一股脑地将生活托付出去，不过是为了得到一条并不光鲜亮丽的退路：事情就是这样子，我已经很努力了，但我真的没办法呀。

就像弗洛姆说过的那样：

自由只是远观才好看，等你拥有了它，它就成了枷锁。

可人生本来不就是一场带着镣铐的舞蹈吗？再沉重，那也是自己选择的舞步。

或许无法更幸福、更轻松，但至少能落子无悔。从来都没有什么“不得不”，不过是两害相权取其轻。

对自己的人生负责，你才有资格选择。

能按照自己的心意自由延展的生活，才最值得一过。

那些特别现实的人，都过得怎么样

周末跟闺密吃饭，她吐槽起男友，眼圈红红的。

他们是大学同学，恋爱也谈了好几年，眼看到了谈婚论嫁的当口，却为房产证上的一个名字起了口角。

他们的新居的首付来自男方父母，但由于男友做自由职业，房贷就办到了她的名下，理所应当的，她要求自己的名字也出现在房产证上，可一向对她言听计从的男友却百般推诿，甚至不惜祭出“大杀器”:“咱俩这么多年的感情了，你为什么不相信我？”

无论他怎么说，她都坚持要把自己的名字写进去，两人几乎吵到分手，最后以男友的妥协而告终。办完手续之后，他叹了口气：“没想到，你其实是个这么现实的女孩儿。”

正是这句话刺痛了她，她跟他冷战了好几天，气得不轻。

我觉得好笑：“房产证上不写你的名字你不气，把两个人的感情作为逼你就范的武器你不气，就说一句你现实有什么好气的？又不是什么贬义词。”

“你不懂，他说这句话，比骂我还让我难受。”

哪个女孩儿不想做挂在枝头的白月光呢？可一旦与现实牵涉过多，月光便会蒙尘，成了挂在窗前遮风挡雨的白幔子。

不能再做恋人心中的那个柔弱单纯又不谙世事的小仙女，想想就让人心酸。

“那如果再来一次，你还会要求他把你的名字加上吗？”我问。

她想了几秒，明显有些犹豫，可最后还是坚定地点点头。

我在心底为她叫了声好，庆幸她是个足够现实的女孩儿。

婚姻不是只有几句海誓山盟就够了的，也要有白纸黑字，也要有法律的保护，也要有那种“这也是我的家”的底气。

人心与感情随时都有发生改变的可能，真正拆不开走不散的，只有不动产。

有天跟同事闲聊，她说起自己的姐姐，哀其不幸，怒其不争。

她姐姐结婚七年，老公劈腿当场被抓，本是最有利的证据，可姐姐却一气之下带着孩子回了娘家，不管不顾地闹离婚，不争房子不分财产，只图一个“快”字。

她也劝过，可每次都被姐姐的眼泪打败：“七年的感情都没有了，我还要这个房子干什么？离了他我也不是活不下去。”

话说得多么铿锵，却逃不过风刀霜剑的威逼。她前脚刚离开家，老公就带着别人住了进去。她分到的那点财产只够租一间逼仄的小公寓，加上孩子病了一场，生活立刻就捉襟见肘起来。

不是没有找过他，可得到的不过是带着蔑视的嘲笑和施舍般的几千块钱。

“是你自己不要的，现在来怪谁？”他说。

同事讲得咬牙切齿，而我作为一个局外人也听得十分心寒。

同床共枕七个年头，他不知她是什么人吗？不知道她愤怒起来就会不管不顾地赌气吗？

可他巴不得她赌气呢，那个口口声声说你傻傻惹人爱的人，一旦到了分道扬镳的时候，转身就能利用你的每一个弱点，把它们当作为自己牟利的武器。

而保持单纯和冲动其实是最简单的，真正难的是认清现实，然后最大限度地为自己争取利益。

我们说起“这个人很现实”时，常常会不自觉地带上贬低的语气，将那等同于功利，等同于算计，等同于背叛自己的初心。

可我们吃的很多亏，往往却正是由我们的这种不够现实造成的，总是在该谈利益的时候谈感情，在该止损的时候谈未来，在该低头的时候谈骨气。

有个小姑娘找我咨询，说自己特别想报考大学的绘画专业，但家里条件一般，学艺术开销又大，所以父母不是特别支持。

她诉说了一通自己对画画的热爱，然后问："我是应该咬紧牙关坚持自我，还是应该顺从父母，放弃艺术生的身份好好准备高考？"

我给她的回答是："如果你想坚持自我，就要做好最坏的准备，比如你父母在倾尽全力供你上学之后很可能会天天在你耳边唠叨生活的压力，比如你可能需要一边打工一边学习，比如你的画可能很久也卖不出好价钱。

"必须要能接受最坏的结果，才有资格说去试试看。"

她挺失望的，问我："那梦想就不重要了吗？"

梦想当然重要，但不是这样的，正是因为梦想太重要，所以才不能把它当作与现实死磕的武器，再锐利的锋刃，也经不住琐事的磨损与磕碰。

知乎上有个高赞的问题很有意思：

如果一个人为了高薪而工作，那他能得到什么？

排名最高的回答只有一句话：

得到钱，以及更多的钱。

看，谈钱多俗啊。

可是你总得先有足够的钱，才能有去选择、去追梦的资本。

现实一点和坚持梦想其实并不矛盾，不过是曲线救国，无非是殊途同归。

我很喜欢连岳写的那段话：

一个人的勇气与耐性，只能够支持若干次的挫折，不要把它浪费在小事上，留着它，培养它，壮大它。总有一天你会像巴尔扎克一样，需要用它来征服巴黎；你会像汉尼拔将军一样，需要用它来翻越暴风雪中的阿尔卑斯山。

对现实弯弯腰，有时是对自己最好的保护。

等到手中有了一副好牌，再来好好地赢一把。

在跟命运格斗之前，要好好说“请多指教”。

为什么现在的年轻人都不想恋爱了

“我觉得我没办法喜欢一个人了，我现在只喜欢，一个人。”

悠悠慢吞吞地说完这句话，我眼珠子差点都被她惊掉。

坐在我对面的她身姿婀娜、面容姣好，清晨刚刚做好造型的刘海透着都市女孩儿的精致，落座也端的是腰背挺直、亭亭玉立，用余光偷偷享受着不低的回头率。

我揶揄她：“你敢说你刚刚吃饭时没跟那个西装男眉来眼去？还是没因为收银小哥的痴汉脸心生暗喜？”

她被我说得老脸一红，却还是叹了口气：“不一样的。”

你知道那种感觉吗？

就是，看到美好的肉体也会动心，但很难会再像从前那样，看见有点顺眼的人就想加个微信。

也不排斥聊天，但困了忙了就会直说，不会再像以前那样强撑着瞌睡等一条信息。

也有试探中互相观望的那个人，但一旦有了小摩擦、小龃龉，想的不是如何解释、如何挽回、如何生装温良恭俭让。老娘就是这样子，你能接受就爱，接受不了就拉倒。

不会再像以前那样了，因为心仪的男孩子跟自己聊了些小情绪就觉得跟他好近，强撑着瞌睡守到半夜也要努力帮他重振心情。

现在的暧昧对象跟自己诉苦“我今天过得不大开心”，只会觉得有点烦，这么大的人了，谁都活得不容易，一天到头自己都还没安抚好呢，哪儿有心情接纳另一个人的负面情绪。

动心太难了，谈恋爱也太难了。

还是一个人，最轻松，最开心。

一个七〇后的姐姐有次跟我感慨：“现在的小孩子怎么回事啊？明明衣食无忧，却一个个的都是爱无能。”

她说这话的原因，是午餐时另一个姐姐偶尔提了一嘴自己家里的事，无非就是老公不管家，孩子不听话，婆婆老找碴儿之类的家长里短，公司里那几个九五后的实习生就开始七嘴八舌地谈论起“结婚有多可怕”。

一个说："为什么要结婚啊？婚前说走就走，婚后想去做个美甲都得提前报备。"

一个连忙应和："对啊对啊，结婚多麻烦啊，家务多了自由少了，好端端的小公主也做不成，摇身一变成了老妈子。"

七〇后姐姐捅了捅在座的唯一一个小男生："哎，和你同龄的女孩儿都不想结婚了，你怎么办？"

"我也不想啊。"小男生头也不抬答得坦然，"谈恋爱我都嫌麻烦，又得陪聊又得陪逛街又得赔钱买礼物，况且有了女朋友，还怎么愉快地组队吃鸡？"

一帮老阿姨听得瞠目结舌，现在的小朋友，居然都已经如此精明了。

他们并不是社交无能患者，相反，正是因为规避了深层的情感联系，他们的交往要远比我们想象中的更密切。

你送我一个苹果，我还你一个桃，你陪我挑耳机，我帮你选领带。

但是，也仅止于此了。

什么互诉衷肠啦，什么山盟海誓啦，在他们看来是老掉牙的闹剧。

那种距离感里藏着一点斤斤计较的冷漠：

我不去找你，你也别来烦我，我的"小确丧"我自己消化，你的不开心也自己收好。

依然会心动，依然会有好感，但是，不想对任何一个人负责。

一个九五后的小姑娘说得一针见血：

一个人的生活真的性价比太高了，我自己看书，健身，努力工作，学英语，学化妆，每一样的回报都是看得见的。但是同样的精力花在别人身上，真说不准是个什么结局，万一打了水漂呢。

喜欢一个人很麻烦吗？

对啊，那意味着你需要强行接纳另一个人的情绪，他失落了你得认真安抚，她生气了你得用心逗乐。

那意味着你需要忍受两种不同生活产生的碰撞，你本无辣不欢，如今却得适应寡水清汤，你本死宅一枚，却得忍着无聊陪她看一场艺术展。

你要让步，你要妥协，你要咽下许多“不得不”才能换取一点快乐。

一步步精打细算，一点点算计得失，太累了，也太难。

这或许就是有越来越多的人选择单身的原因，他们衣食无忧，她们妆容精致，很上进也很努力，可是，他们不愿意。

并不是一定要给不同的选择定义出对错，只是有时想想也觉得蛮遗憾的。

我曾在网易云音乐上看到这样一条评论：

那年我在学校的紫藤花架下等了她三个小时，没有智能手机玩儿，只好看天看云看远方，空气里都是春天的味道，而她蹦蹦跳跳地向我走来，真喜欢那时的自己，还没学会用效率来衡量爱情。

他也长成刀枪不入的大人了吧，学会了计算时间的性价比，变得清醒又理智，能干又独立。

读得懂博尔赫斯，读得懂查理·芒格，可是再也读不懂那句“爱是想要触碰却缩回手”的患得患失和小心翼翼。

美国心理学家 T. 利维（T.Levy）曾写过这样的一段话：

信念、热情、与他人的亲近感，被没有生机的感受、无聊感和流于表面的浅薄所代替，无法给他人爱与关心，也无法回应他人对自己的爱意。这本质上是一种空虚感，因为缺乏与他人真实的联结，而失去感受幸福的能力。

而这或许也是越来越多的人觉得自己并不幸福的原因。

快乐稍纵即逝，无论是赢得一局排位还是入手一件喜欢的衣服，它带来的愉悦感甚至无法维持二十四个小时。为了追逐快感，人会把自己变成小白鼠，在寻求刺激的转轮上一刻不停地奔跑，直到精疲力尽。

正如那个七〇后姐姐所说：

总在逃开的人，大概永远体会不到付出的快乐，一个人固然轻松，可也少了许多乐趣。你连输都没输过，怎么知道什么是真正的赢？

我不知道她的话对不对，只想把这句话也讲给你听。

你会如何选择？

人这辈子最难的功课，就是学会相信自己

说来蛮好玩儿的，人从小到大，好像就是一个自信不断流失、不断认命的过程。

小朋友可以大大方方地说出“我以后一定能当科学家”，可成年之后的我们，却在开口之前已经先把自己否定了三百遍。

“我恐怕不行……”

“我可能真的不够好吧……”

“万一失败了怎么办……”

那些丧气的猜测好像毛衣上脱针的线头，从松动的那一针开始，一点点带着整个人生全部垮掉。

今天，我想聊聊自信。

在许多人的眼中，自信等同于“走自己的路让别人去说吧”以及“虽千万人吾往矣”这种大而玄妙的名言警句。

可人生吊诡的一点，就是只要你身处人群之中，就无可避免地会被别人的眼光和评价束缚。但如果你离群索居，没了参照物也没了反馈，你便无法知道自己做得对不对，也无法衡量自己走出了多远。

不在乎别人太简单了，但当你把所有人都不当回事时，也根本没人会在乎你。所谓强大，不是“我不听我不想我不在乎”，而是学会从那些让你痛苦的否定和质疑中找到出路。

之前有个读者来找我聊天，说自己想辞掉公务员的工作去做化妆师，但家人都不同意，各种质疑和压力扑面而来，她应付不及来向我求助，问我怎样才能坚持自己。

她对未来有一套听起来很美的规划：

辞职之后先去附近的影楼工作，再做点兼职，然后再考一级化妆师的证书，慢慢往娱乐圈发展，等钱攒得差不多了再开个工作室。

可当我问到“影楼招化妆师的要求是什么”以及“你做兼职的渠道从哪里来，每个月的收入是否足够应付你的支出，如果不够怎么办”时，她一句都答不上来。

与别人的质疑无关，与父母的否定无关，那些来自外部的压力不过是显形液，逼着她去直视那些她根本无法回答的问题。

细节的匮乏，才是她不自信的根本原因。

想在质疑声中站稳脚跟，你就不能做一个中空的人，你需要像下围棋一样，看到十步之外，规划到五步，至少保证前三步不出岔子。

我给那位读者出的主意是：在不辞职的前提下，先熟悉一下不同领域对化妆师的要求，利用周末和假期的时间去做兼职，一面积累人脉一面了解行情，对自己辞职之后的财务状况做一个简单的评估，如果不够支撑自己的梦想，就先去攒点钱。

你看，这可比只动动嘴皮子说“我有梦想”难多了吧。

可又有谁告诉过你，相信自己是一件容易的事呢？

毕竟“孤勇”这个词，只有在书上读到的时候才美。盲目自大太容易了，真正难的，是清醒的坚定。

听过这样一个小故事——

一对夫妻为了吸烟的事吵架，男人保证戒烟，女人将信将疑。

第一天，男人表现得很好，一根烟都没有碰。女人说：“你这就是靠运气，我看你还能坚持多久。”

第二天，男人有些动摇，拿出烟反复闻着，忍着没点燃。女人说：“我就知道你没毅力，看，果然忍不住了吧。”

第三天，男人终于忍不住了，但还是控制着自己，一天只抽了一根。女人说：“看吧，江山易改，本性难移。”

第四天，第五天，第六天，男人终于自暴自弃，重拾吸烟的坏习惯。女人说：“果然，从一开始我就说你不行。”

你看，那多像是我们每天跟自己的对话。

早在别人开口之前，你就已经先对自己说了“我不行”。

就像文章开头的那条留言一样，在被评价之前，你就早已给自己安上了一顶“缺乏自信”的帽子。然后把所有的不顺与不安，都塞进这顶帽子里。

成功了，你提醒自己这不过是侥幸，其实自己差劲得很呢，不过是还没被发现而已。

遇到麻烦了，你立刻就会觉得这都是注定了的，像自己这么糟糕的人怎么配成功呢？这些麻烦都是在提醒你，人要有自知之明。

就这么想着想着，消耗完自己所有的斗志和勇气，最终失败了，你反而长舒一口气：“看，我就说吧，我不行。”

比起来自外界的质疑，你最大的敌人是你对自己的否定。

就像心理学家荣格的那句话：

When an inner situation is not made conscious, it happens outside, as fate.

如果你意识不到你内心的冲突，它就会体现在外部世界里，成为你的命运。

尝试这样一个简单的方法，每次给自己泄气的时候，都在本子上画正字。每画一笔都问自己一遍：我有什么做得好的地方吗？我还能怎样做得更好？

在改变别人之前，先改变你自己。

如何才能培养出清醒且稳定的自信？

李中莹老师在《重塑自我》中给出了这样的一个公式：

感觉—尝试—经验—能力—外部肯定—自信—自爱—自尊。

很多人总是把自己不自信的原因归咎于“没有人肯定我”，但这个公式中最重要的部分，其实是你自己创造的经验和能力。

自信的培养靠的并不是什么惊天动地的大成功，它更多的是依靠生活中的小的胜利。

在寒冷的早晨成功在闹铃响起的第一声就利索地起床；独立做完第一份 PPT；成功地主持一次会议；第一次一个人出差并顺利地签了合同……

这些小成功会成为你的底气，让你更愿意去做，做得越多，能做到的就越多，得到的肯定也就越多，自然也就更加自信。

最重要的是，在“做”的过程中，你能充分地了解自己，弄清自己的特长和短板，掌握控制脾气和惰性的那把钥匙，你知道什么时候该全力以赴，什么时刻最难熬，要走多远才能看到柳暗花明。

那才是你的燎原之火。

一鸣惊人这种事情，在故事里看看就行了。

你需要的不是寓言童话，而是脚踏实地。

我说过最大的谎言，是“本人性格外向，活泼开朗”

前几天搬家，翻箱倒柜地收拾东西，在文件袋里翻到了自己刚毕业时的简历，时隔多年回头看去，觉得好笑至极。

不是因为青涩，也不是因为萌蠢，而是因为自我评价的那一栏里，开头赫然写着：本人性格外向，活泼开朗，喜欢与人交际。

我将这段话拍下来给我的 HR 朋友，她秒回我两个抠鼻的表情，然后说：“我们每年收到的几百份简历里，几乎 99% 的人都会用这句话来伪装自己。”

哪儿有新人敢承认自己内向、木讷、不善交际？这不就等于在向

HR 宣告，虽然我很优秀，但不要录用我吗？

我有点意外，但更多的是无奈。意外的是，居然连专业的 HR 都会把“内向”归入贬义的范畴，而无奈的是，正因为有太多人持有同样的想法，才会选择用谎言来伪装自己。

有次跟一个刚工作一年的姑娘聊天，她问：“公司的活动太多，几乎每个周末都要聚餐逛街，实在不想去，但又怕显得自己孤僻内向不合群。想求你支个招儿，怎样才能改变自己的性格，尽快融入团体？”

有太多人问过我类似的问题：

我不喜欢跟人交往，怎么办？

我一到人多的场合就心烦，是不是有什么毛病？

我太内向了，不太会说话，该怎么改变自己？

但在解决这些问题之前，你需要先了解“内向”真正的含义。

内向不等于木讷，更不等于社交恐惧。

我们对内向有这样一种误解：

内向的人一定不大爱讲话，比较严肃和孤僻，有着不同程度的社交障碍，在人多的社交场合常常呆若木鸡。

苏珊·凯恩在《安静》中，赋予了“内向”完全不同的定义：

内向的意思是你更容易从独处中获取能量，无论是物理空间上的独处，还是心灵的放空。

当内向的 A 和外向的 B 同时遇到烦心事时，A 更希望能自己待着，无论是看看书，还是听听音乐，甚至什么都不做只是发呆，B 则会选择向朋友倾诉，或者参加热闹的聚会。

对外向的人来说，社交本身就是充电，但是对内向的人来讲，跟很多人待在一起太久，会榨干他们的精力，因此他们需要用独处来给自己充电。

也就是我们通常调侃时说的：社交一小时，回家缓半年。

内向的人，一定不善于社交吗？

首先你须要区分一个概念：内向与外向是性格因素，而社交，是一种能力。

能力无须改变，它需要的是练习。

吴伯凡老师曾提出过“WIFI 式联结”与“蓝牙式联结”的区别，而这一概念，正好可以用来解释内向与外向不同的交际风格。

外向性格的交际更像是一点对多点的 WIFI 式联结，接入非常容易，数量上也没有限制。

而内向性格的交际更像是单点对单点的蓝牙式联结，比较费劲，一旦联结成功之后还具有排他性，即一个设备在跟另一个设备配对成功的时候，就不能再接入其他设备了。

我们不妨用人际关系中的“群聊”和“私聊”来理解这两个概念。

在微信群中，外向的人像是群里的活宝，不管跟对方熟悉与否，都能轻松地与之插科打诨。而内向的人常常是“沉默的大多数”，他们更倾向于与人进行私聊，需要一些时间来找到同频的人，但一旦“配对成功”，沟通就会渐入佳境，更容易建立深层的联系和共鸣。

因此，内向的人并不是社交无能患者，他们只是不喜欢无意义的闲聊，他们习惯用沉默的倾听来识别出跟自己同频的人，一旦进行深层次的对话，你就会发现他们的可爱和有趣。

所以，你要做的选择题并不是“内向好还是外向好”，而是“我要去喜欢所有的人，还是只喜欢聊得来的人”。

仅此而已。

如果我内向，我该怎么做？

我刚工作的时候，也遭遇过上文中读者提问里的那种困境。

不想参加集体活动，怕被说古怪，也怕被孤立，但出门参加完一天的活动，就会被榨干全身的力气，原本计划背的单词没心情背，本来看一遍就能记住的书翻来翻去也无法进到脑子里。

为了在社交中收获友善和好感，我需要花更多的时间来做心理建设才能回复到正常的心情。

很不划算吧？但我真的是坚持假装了整整一年多，才想通了这个道理。

无论我多努力，都无法让所有人都喜欢我，而对于我喜欢的人，我根本不需要靠假装活泼开朗来收获他们的友谊。

我虽然慢热，但是善于倾听，又因为不太八卦而成为了很多人的树洞。

我不喜欢闲聊，但记忆力很好，别人随口一说的小事我也会记得，因此能时不时地制造一些惊喜。

我没办法做到八面玲珑照顾到所有人，但我专注力很强，我可以在地铁、公交、飞机上快速进入心流，因此做事的效率比较高，朋友都觉得我靠谱。

意识到这些事之后，我才有勇气做回原本的自己，开始有选择性地参加一些自己喜欢的活动，果断且客气地拒绝那些会消耗我的精力的事。

其他人的聚会并不会因为我的缺席而黯然失色，而我也不会因为错过了本来就把握不住的机会而后悔伤心。

如果你也是个内向的人，“学会选择”是你需要培养的最重要的能力。

选择你喜欢的人，认真维护你们的关系。

选择你喜欢的事，珍惜你宝贵的精力、能力和注意力。

要知道，可怕的不是内向，而是四不像。

明明不想说话却要强颜欢笑，明明烦躁不安却要假装活泼。

那才是最得不偿失的选择。

既取悦不了别人，也满足不了自己。

这部纪录片拍了四十九年，只为告诉你这三个人生真相

最近被朋友强烈推荐了一部很棒的英国纪录片，叫作《人生七年》，导演迈克尔·艾普特于一九六四年开始拍摄，记录十四位英国的七岁儿童的生活，到目前为止，该纪录片已经跨越了四十九年，每七年拍摄一集。

被选中的孩子们来自当时英国的不同社会阶层，片子从孩子们的七岁开始记录，然后是十四岁，二十一岁，二十八岁……一直到五十六岁，从垂髫到白发，从孩童到老年。

我用了整整一周的时间看完了这部纪录片，其间屡次按下暂停，

并不是因为片子本身有多烧脑，相反，正是因为它的平凡和日常，才会让人忍不住心生感慨。

正如《杀鹌鹑的少女》中的那句话：

当时站在三岔路口，眼见风云千樯，你做出抉择的那一日，在日记上相当沉闷和平凡，当时还以为是生命中普通的一天。

真相一：阶级分化是不可避免的，但也远远不止你看到的那么简单。

《人生七年》的第一集摄于孩子们的七岁，面对镜头的孩子们一派天真烂漫，可言行举止却大相径庭。

来自上层阶级的孩子 Andrew、Charles 和 John 就读于私立学校，他们的日常活动之一是阅读《金融报》和《观察家》，对自己的未来有着明确的规划：

高级中学—牛津 / 剑桥—成为律师（律师在英美都是高薪职业）。

来自中层阶级的孩子中，男孩儿 Nile 说自己想要开旅游大巴，女孩儿 Jackie 不好意思地捂着嘴笑，说希望自己长大之后嫁人生子。

来自底层阶级的孩子 Tony 希望成为一名驯马师，而他们中的大多数人甚至连梦想的意义都不知道，会把能够吃饱饭和少挨打当作自己人生中最大的愿望。

他们后来的人生轨迹并不太让人意外，高富帅三人组已经按照当年的既定路线，上了名牌大学，当上了律师，过上了优渥的上流生活。

中层阶级的孩子的表现普遍平淡，尤其是几个女孩子，已然过上了相夫教子的主妇生活。

最让人难过的是底层阶级的孩子，他们儿女成群，但极少有高学历的“白领”或者“金领”，做的都是极其普通的技术性或者服务性工作，比如保安，比如修理工，等等。同样是三四十岁，他们的面容、身材和神态都显得比其他同龄人苍老很多。

这似乎是“阶级固化”最直观的例证。

一个人接受的教育，拥有的资源、见识和视野，从一开始就决定了他的一生。

但事实又不止如此，在五十六岁的那期片子中，高富帅代表John对着镜头坦言：在自己九岁时，家里出现了一场意外，他的父亲去世，家境一落千丈，母亲不得不外出工作。读大学的时候，他也是靠自己的努力拿到的奖学金。

他说：“人们总以为我们这个阶层的人生顺风顺水，想去哪所学校读书就去哪所学校，但是人们并没有看到那些挑灯夜战的日子，看到那些刻苦和努力。”

这让我想起前段时间李湘的女儿王诗龄因在微博上晒出用全英文解出的数学题而上了热搜那件事，很多人感慨小姑娘命好，小小年纪就能够接受精英教育。

这是我们大多数人绕不开的思维误区：

只看得到别人的优势，却看不到他们为了维持这样的优势而付出的努力。

在你深陷言情小说中时，他在读《经济学人》；

在你打王者荣耀时，他在做数学模型；

你转发完《寒门逆袭的大门正在关闭，你却还在打游戏》之后欣然去跟朋友聚餐，他刚写完两万字的论文就去健身房跑步。

最可怕的从来都不是阶级差异的存在，而是我们以阶级分层为借口，理直气壮地原谅自己的不作为。

真相二：寒门子弟改变命运的唯一途径，是教育。

七岁的 Nick 在第一期的拍摄中，被归类为底层阶级的孩子，他是个“农二代”，生性腼腆谨慎，住在偏远的郊区，那里的小学只有一间教室。

但他也是整部片子中“逆袭”最成功的孩子，他考上了牛津，成功挣脱了阶级的枷锁，去美国做了教授，也过上了名利双收的生活。

在二十一岁的那部片子里，导演问起他成功的秘诀，他带着一脸谦虚的微笑说：“我不觉得自己有什么成功的，不过是考上了牛津而已。”

对啊，不过是考上了牛津而已。

但正是那一张薄薄的录取通知书，让他得以脱离原生环境，进入更高一层的圈子，得到打开视野、扩展心智和获取资源的机会。

导演借另一位被采访者Jackie之口表达了教育的重要性。

Jackie在四十九岁那年的采访中对着镜头咆哮："我现在身体不好，政府却不给我发放补助了，摆明了让我出去工作，这不是把我往死路上逼吗？你说我的身体状况怎么去工作？你说啊？"

导演问："你有什么后悔的事情吗？"

她长叹了一口气："我上学的时候不应该这么懒，如果再活一次，我一定更努力学习。"

诚然，教育中有太多的不合理与不公平，但是对于大多数没钱、没资源的普通人来说，那依然是唯一的上升通道。

抱怨没用，后悔没用，唯有努力。

它再狭窄，也还有光亮照进。

真相三：一个人的幸福，不是只有成功才能定义。

Bruce是一位虔诚的基督徒，他跟高富帅三人组一样，家境优渥，志向远大，七岁时的理想是去非洲当传教士。他毕业于牛津数学系，却选择去一所普通学校当老师，其间还去孟加拉国支教，想要让更多的人有机会接受良好的教育。

比起上层阶级的其他几个人，他并不算是成功，结婚晚，事业平平，社会地位也不高。

但让我印象很深刻的是，他面对镜头时的表情永远是平静的微笑，从来不焦虑，也从不对其他人的选择和处境进行评判，当参与拍摄的小伙伴 Nile 遇到困境时，他也慷慨相助。

他清楚地知道自己在做什么，自己想要什么，这种内驱力带来的动力和满足，并不是一个头衔、一张工资单所能代替的幸福。

另一个叫作 Symon 的孩子，他的七岁是在福利院度过的，三十多岁的时候离了婚，在一家冷冻厂做零工。他四十二岁的时候再婚，在妻子的督促下又拾起了数学，两人一起参加收养孩子的资格培训，到了五十六岁那年，他已经帮助过很多个孩子（时间长短不一），自己也拿到了一家知名公司的聘用书。

他起步晚，绕过不少弯路，最终好像也没能挤进上流社会，但对一个普通的家庭来讲，短短十几年间能帮助几千名孩子，亦是不可想象的付出与艰辛。

那并不是世俗意义上的成功，他却在帮助他人的过程中确认了人生的追求和快乐的来源。

这也是我很喜欢《人生七年》的一个原因，它并没有用普遍存在的价值观来告诉我们如何成功，而是通过十四个孩子的人生经历，讲述生活的多种可能。

正如豆瓣上的那句高分短评——

世上最痛苦的事情不是没有人懂你，而是你自己不懂你自己。

一个人被迷茫毁掉的三种迹象

不知道从何时开始，迷茫开始从青春期特有的小情绪变成了人生的标配，无论年龄多大，身在何处，做着什么样的工作，都难逃过午夜梦回时的灵魂三问：

我选择的是对的吗？我到底该做什么？我现在的生活有什么意义？

又往往因为苦思无解而更加焦虑，陷入一个失落且烦躁的恶性循环。

作为一个十八线鸡汤博主，我常常被问到这样的问题：

我特别迷茫，完全找不到方向和动力，我该怎样摆脱这种情绪，跟其他人一样去奋斗去生活呢？

言辞之间满是惶然，仿佛迷茫和好好生活是一对见面即争个你死我活的仇敌。

我能理解那种深陷迷茫的无力感，但有时也正是因为我们太过关注“如何摆脱迷茫”，才将自己的生活弄得一团糟。

在不确定的人生中去追求“确定”，就像是公牛在追红布，我们试图让自己相信，只要撞到了那块红布，一切就没事了，但结果往往却是撞到了另一场空。

我的一位朋友总结出非常精辟的一句话：

这世界上没有人能摆脱迷茫，只有被打败的和还在与之作战的人。

这场战斗的溃败，又往往是从这三个迹象开始的。

1. 无条件地放弃与他人的比较

很多鸡汤文会这样安慰迷茫中的你：

不要管别人怎么生活，过好自己就行；你只需要做自己，就是最好的生活；以及不用羡慕别人，你是独一无二的。

这些看上去很有道理的话往往会起到快速止痛的效果，就像一剂强力麻药，立刻让你找回平静和安心。

可麻药劲儿过去之后又如何呢？同龄人的优秀依然会让你相形见绌，老板给的年终奖也不会因为你的佛系而与同部门的精英们持平。

我们本来就生活在一个处处有比较的世界，就连去超市买苹果，也是个大皮薄色泽鲜亮的更受欢迎，你会因为一个苹果长得与世无争而喜欢上它的干瘪青涩吗？

而人与人之间的比较与苹果根本上的不同，只在于比较的维度更加多元。

你腹有诗书，我能说会道；你长袖善舞，我过目不忘；你明眸善睐，我纤腰一握。

比较不过是一个人寻找自己的过程，正是有了不断的比较，你才能觉察到自己的与众不同，然后去完善它，建立属于自己的个人优势。

而这些优势，才是你不必去用自己的缺点跟别人的优势死磕的底气。

真正可怕的不是比较，而是未战先降。

2. 为了逃避迷茫自降身价

我曾经收到一位读者的留言，来自一个毕业于985高校的姑娘。

她各方面都很优秀，但因为开始时准备要考研错过了很多校园招聘，后来发现自己其实更想早点进入职场，便放弃了考研开始找工作，所以起步比其他人晚了一些。

工作找得并不顺利，大企业的校招差不多都已经结束了，她一直没能拿到满意的聘用书，越拖心越慌，对理想职位的要求一减再减，最后索性找了一份前台的工作就匆匆入了职，美其名曰职场历练。

本以为心中的一块石头能够就此落地，却无端地生出更多的小情绪：

校成绩远不如她的舍友都进外企做了管培生，而她只是一家小公司的前台；

不敢跟家人朋友说自己真实的工作，每每被问起都忍不住撒谎，又难过又心虚；

因为不喜欢，工作常常做不好，屡屡被经理批评，一开始是委屈，到后来又变成“我是不是真的不行”的自我怀疑。

她讲得痛苦不已，我听得哭笑不得。

一时找不到合适的工作，那就接着找啊，错过了当年的招聘季，也还会有下一年，用这一年的时间学点技能充充电，也总好过匆匆将就之后又难免意难平。

为了解决最初那个简单的问题，她给自己布了一个异常复杂的局。

像是一个努力躲避大雨的孩子，却慌不择路地跑进了瀑布。

我们做了太多事来摆脱迷茫了。

找不到合适的工作，就随便做一份凑合着；

遇不到心动的人，就随便拉一个也能将就；

过不上理想的生活，就索性用“我也过不惯那种人生”来自欺欺人。

能吞噬一个人的，其实并不是迷茫，而是对迷茫的恐惧。

迷茫、焦虑等类似的情绪，只是我们行囊中不可丢弃的一部分，但这并不意味着你必须要先解决它才能继续前进。

人是为了目标而活的，而不仅仅是为了解决问题。

3. 总想从别人那里找到捷径

我曾经有很长一段时间陷在写作的瓶颈期里，什么也不想写，不知道自己今后想要往哪个方向发展，该如何才能不断精进。于是跑去跟群里的一位大神私聊，倒了一大通苦水之后，她只回了我一句话：“加油！看不进去书，就去看更多的书；写不出来东西，就更努力地去写东西。”

讲真，我当时还是很生气的，本希望她能传授给我一些克服瓶颈的心得，或者调整心态的经验，最不济给我打一针鸡血也是好的，可她除了给我这样一句敷衍的话，多一个字也没有。

得不到大神的帮助，我只好自己苦苦渡劫，给自己立了死规矩：每天必须读两个小时书，无论写出来的是什么鬼东西，都得写满一千字保持笔感。

折腾了大概三四个月终于找回状态，我却忽然明白了她的那句话。

我们并非生活在那个动动手指就能将六十年内功传授给另一人的神话世界里呀。

你遇到的每个坎儿，其实都得靠自己一步步打怪积累的经验去跨过，而他人所能做的，也不过是隔河相望喊声加油而已。

并不是通往所有目的地的过程都有捷径可走，想要扛过迷茫，没有任何现成的经验可以帮你快速成长，你只能咬紧牙关，去摸索适合自己的模式和方向。

或许会摔跤，或许会走错路，或许会碰得一鼻子灰。

但那些勇气和经验会扎根于你的骨血，成为你的武器与拐杖。

不要㞞，就是刚。

忽然不想努力了，怎么办

我们渴望的自由，并不真的是每天游手好闲、无所事事，而是可以选择，有说不的资格。

忽然不想努力了，怎么办

国庆假期的时候，有个小姑娘加我微信聊天，字里行间满满的都是焦虑。

她在一所985高校上大三，身边牛人辈出，宿舍里的几位舍友更是学霸，不是早早拿到交换生的资格，就是在某国家竞赛中得了金奖。

她自知起点不高，高考不过是赶了大小年的空子才压着线被这所高校录取，又不是那种一点就通的聪明孩子，于是便加倍努力，每天六个小时扎在书堆里，手机上没有任何用来追剧和游戏的APP，就连吃饭的空当也在听英语。

国庆假期，她一共只在家待了一天，第二天一大早就抱着书本跑去图书馆做功课。

图书馆人多，坐在她身边的小孩儿戴着耳机在看一部热播的电视剧，刚开始，她不过是出于好奇瞟了一眼，然后又一眼，又一眼。

那一整天，她面前的书连翻都没翻，跟着那个小孩儿追了整整八集的电视剧。

“我真的想不通我怎么了，忽然就不想看书，不想听英语，不想背单词。

“一点都不想努力了，只想吃零食玩儿手机，做个颓废的小傻瓜。”

她回这句话的时候正好朋友打来电话，等我煲完几十分钟的电话粥准备回她时，才看到她又连续发了好几条信息：

“我想通了，都是因为我还不够努力，我应该再逼自己一把才行。

“就像我舍友，她们那么优秀还那么拼，我必须要更加努力才能赶上她们，比我厉害的人都还在努力，我有什么资格停下来呢。

“一个人怎么过假期，就怎么过一生。我想通了，我要继续努力！”

怎么说呢，看着那些大道理被她这样当作救命稻草似的堆砌在一起，其实蛮难过的。

她大概一点也不相信自己吧。

不相信自己对向上的渴望，不相信短暂的娱乐无法将自己麻醉，也不相信自己暂时停下步伐歇歇脚，天一亮就能满血复活重新起航。

她太怕把自己惯坏了。

所以才不敢停下，不敢懈怠，也不敢让自己享受一次真正的放松。

但是，我也挺能理解她的，我刚刚开始写作的时候也是这样，总是觉得所有人都写得比我好，又总是在朋友圈看到别人写稿子写到凌晨两三点，每天都百感交集。

既因为看到比自己优秀的人比自己更努力而惭愧，又因力不从心而感到无比的焦虑。

我几乎放弃了所有的休闲时间，推掉了一切聚会和邀约，逼着自己书不离手，每天必须写出两千字，连通勤路上都一边听着有声书一边做笔记。

后来有一次，我和一个姐姐一起被一家平台邀请去做活动。我们在酒店见面，比起她连电脑都没带的一身轻松，我简直像是一个行走的书房，书包里塞着三本书、kindle、电脑和鼠标，甚至连平时记录灵感的小本子都没落下。

“你不会这几天什么也不准备干了吧？”我简直不敢相信自己的眼睛。

“你不会这几天还想干些什么吧？”她也同样不可置信，“风景这么好，行程这么轻松，此刻不玩儿更待何时？”

我们在那座城市待了三天，她争分夺秒地玩儿，我争分夺秒地看书。说是看书，其实也不过是硬凹出看书的姿态而已，大脑早已经跑到了九霄云外，虽然眼睛死死地盯着书，却需要好几分钟才能看完一行。

大概是看我太过可怜，她终于忍不住过来劝我，而我至今都记得她问我的那句话：

“就算你今天不努力，又能怎么样？

“你会因为躺倒太舒服就不站起来吗？会因为尝到偷懒的甜头就再也不想努力了吗？会因为放松了一天就迷失了目标，从此浑浑噩噩地过日子吗？”

那是我最害怕的可能性，但仔细想想，我也知道我不会。

一个人想要向上的那颗心，怎么会因为停下来歇了歇脚就坠入谷底呢？它只会因为你相信它而变得更加有力量。

我喜欢的作者阿春写过她跑步的经历，从一个体育废柴，到一口气跑下一公里、五公里、十公里，支撑她一路走来的，其实从来都不是什么励志的鸡汤，而是因为她知道自己随时都可以放弃。

她在《一生中的某一刻》里写道：

世上可能有两种人，有的人要做什么事，就有极其坚毅的意志，克服一切障碍，坚定地做下去，并且认为那是应该的，不把这种事当一回事。有的人又懒，又想更好，永远都在上进的压力和自责里挣扎，被失败感深深笼罩。

我就是后面那种人。一生都在痛斥自己：这点事情都做不到，做不到这件事，你必然一事无成！

斥责到一定程度，我们就会安慰自己：好，我就是个废物。

但这能叫安慰吗？想到任何想要的，都觉得没有资格得到。觉得人生太痛苦、太艰难了，一点意思都没有。

但是发现“明天就放弃”这个法宝后，事情真的就变得不一样了。跑步这件事最难的并不是当时，而是“要坚持下去”的压力。去掉这个压力，节省了自我羞辱和反自我羞辱的精力，总之只做一次，随时随地原谅自己，这事就不难了。

正是因为知道自己可以随时躺倒装死，向前奔跑的时候才敢拼尽全力。

毕竟那些真正颓废的人，才不会问出“忽然不想努力了怎么办”这样的问题。

勤奋，是这个时代最被低估的美德

亲戚家的小表妹今年毕业，加了我的微信，兴致勃勃地向我讨教写作技巧和方法。

我把自己所有拿得出手的经验和习惯倾囊相授：每天至少要保证一个小时的阅读，阅读的时候怎么把案例和理论归类整理，每周如何归类复盘碎片化信息，写文章之前怎么写框架，写完之后怎么修改……

还没等我巴拉巴拉地说完，她就迫不及待地插话："姐，咱俩又不是外人，忽悠人这套就别给我用了吧，把压箱底的秘诀拿来分享一下？"

我说："压箱底？我这可是连压鞋底的都给了你好吧，还嫌不够？"

小姑娘给我发了一个抠鼻的表情，说：

“我在网上看见过不少写作课程大纲，从内容策划到爆款标题，一个月包会，哪有你说的那么复杂？

“我就是嫌看那些麻烦才来问你的，想着你能给我指条更快的路，没想到你对我一点也不真诚。”

我哭笑不得：“写作这种持续的输出，一定要建立在大量积累的基础上，还十天，十个月都不一定学得会好吧。”

她沉默了一小会儿，特别真诚又同情地回我：“人家都知道如何在十天内写出爆文，你咋就不会？姐啊，方法大于勤奋，你要是走错了路就赶快回头，可别在低效的努力里一条路走到黑。”

我竟无言以对。

插坐学院的主编粥左罗曾经写过一句话：

这世道变坏，是从嘲笑努力开始的。

五分钟掌握一个知识点，二十分钟听完一本书，十天学会写作，两个月打造大V。

“效率”成了我们衡量努力唯一的指标，铺天盖地的课程宣传都以“速成”为卖点，学习五分钟，够用一辈子，成了我们深信不疑的捷径。

我们被焦虑和野心驱策着，不再相信“慢工出细活”，不再相信

“百尺高楼起于垒土”，叫喊着“远离低质量的努力”。把稳健当成拖沓，就连那些必要的重复，也被当作是在走弯路，没效率。

有个读者给我留言，抱怨公司的种种，后悔自己入错了行，错过了成长的最佳时机。

可当我问他“到底有哪里不好”时，他却翻来覆去，只是重复着那几句话：

“每天都要做报告，真无聊啊！

“每天都得整理报表，真枯燥啊！

“每天都得给客户打电话，真麻烦啊。”

可那就是工作啊，不然呢？你还想天天打怪？

“我不想过这种平庸的生活。”他说，“我还有理想，还有梦，还想做出一番成绩。”

我听他这么说着，其实蛮难过的。从什么时候开始，普通人日复一日的努力，也被等同于平庸和混吃等死？

有理想、有追求、有不甘，这本是一件好事，但当我们把它和日常生活对立起来时，就会对生活中的“必要重复”产生轻视和不耐烦。

对未来的憧憬越大，就越无法理解当下的努力的价值。

财经专家吴晓波在复旦大学读新闻系时，每天都要在图书馆里泡好几个小时，将数千篇新闻稿件肢解分析，一点点学习新闻写作的方法，从图书馆的一楼读到二楼，二楼读到三楼，最后读到珍本库。

而专职写作的严歌苓，坚持每天写作六小时，从早上九点到下午三点，她雷打不动地坐在桌前写作，一天都不曾荒废。

诚然，他们的勤奋和努力在捷径面前显得十分微不足道。

在我们这个时代，用十几分钟来搜索，就能把最热门的关键词炮制成一篇抓人眼球的新闻稿。随便把别人的几个故事拿出来拼拼凑凑，也不难写出一篇阅读量超过十万的爆文。

这样的捷径让许多人赚得盆满钵满，因而成为了“方法大于勤奋”的最佳例证。

但这世界上有无数个不为人知的“小编”，却只有一个吴晓波；有许多位文章内容大同小异的“资深情感博主”，却只有一个严歌苓。

前段时间，朋友圈里相继被两位大妈刷了屏。

一位在北京街头卖煎饼，一句“我月入三万，还能少你一个鸡蛋”，一语惊人；另一位开着一家卖麻辣烫的小店，“月薪二十万”。

有次同学聚会，有人不经意间提起这件事，玩笑道：“这些人挣钱跟开玩笑似的，睁眼闭眼之间就能入账好几万了。”

“只是看起来容易罢了，任何能赚到钱的生意，哪有一行不辛苦？”有位朋友说，“小时候家里穷，爸妈摆摊卖早点，每天早上四点多就开火煮稀饭，一直卖到中午，然后还得去批发市场货比三家，食材买回来之后淘米择菜做准备工作，没有一天不折腾到十点多。”

她家蛮有钱的，早早就买了好几套房子，但她还记得妈妈的手，因为常年泡在冷水里洗洗涮涮，长了很厚的一层老茧。

那更像是我们普通人的生活，没有金手指加持，也没有天降鸿运，有的只是日复一日、年复一年的勤奋。

或许不美，但是管用。

吴晓波在《激荡三十年》里，写到了八十年代的东北君子兰事件。

一九八五年初，长春一王姓养花大户将一盆君子兰卖给了哈尔滨客户，价格是十四万元。一夜之间，“一盆兰花抵万金”，市场开始供不应求，一盆好的兰花，价格是当时收入的十几倍，甚至几十倍，最疯狂的时候，端着一盆君子兰，不用走完长春整条红旗街，价格就能涨三次。

许多人家为了赚钱，倾尽所有资产去投资君子兰，可只过了短短的几个月，这一投机泡沫就以惨淡收场，君子兰花价暴跌 99%，垃圾堆里随处可见整株高贵的“君子兰”，赔得血本无归，甚至因此自杀的人不在少数。

这世上从来没有什么“闷声发大财”的好机遇，不过是一步一个脚印地挣扎向上而已。

人人热捧天才，鼓吹捷径，叫喊着“机遇大于一切，战略高于战术”，却也因此放任自己怠惰成性，最终流于平庸。

而勤奋，或许才是最简单，但也最被低估的美德。

我们生活在一个速成的时代，但别让这时代的悲哀，成为你个人的悲剧。

年轻人，你就是做得太少但等得太多

一个刚上大学的小姑娘找我聊天，说自己好像是个透明人，总有一种在人群中披着隐形斗篷的感觉，明明站在那里，却总是不被看到。

别人嘻嘻哈哈闹成一团，她却只能手足无措地站在一边插不上话，只好假装在回微信。可从头到尾，也没人发现她打开的对话框里没有一条消息。

早上八点有课，她起得最早却故意磨磨蹭蹭地收拾，等着其他几位舍友，她们经过她时却只是略带惊讶地客套一句“××你还没走呀”，就笑嘻嘻地挽着手离开了。

她的那句“等等我”像是在沸水中反复翻滚煮到稀烂的水饺，终究还是没能说出口。

她的名字是那种重复率超级高的常见名，可班里的同学总是记不住，她们跟她搭话时总是带着一点心虚的歉意：你是跟 ××× 一个宿舍的吧？你叫？

她为此偷偷哭了好几次，在公众号里找到我微信，开门见山地问：

“为什么他们都看不到我？

“多希望有个人能来爱我呀，不需要很多，看到我就好了。”

我理解她口中的那种“看到”，就像言情小说里，酒会上独自在阳台躲清静的女主角总能邂逅男主，躲在天台偷偷哭的女孩儿总会收获带着体温的手帕。

就算不能那么理想，总也有同病相怜的女生来交个朋友，两个都没有存在感的人，互相依偎着取取暖也好。

可现实从来不是这样的，酒会中的男主角会被最漂亮的公主吸引，天台上除了风雨什么也没有，那个如你一般的人也隐身在自己的世界里，你们都在等对方出现，但谁也等不到。

我问她：“当舍友问你还没走的时候，你为什么就不顺势接上一句‘我在等你们呀’？反正都已经在等了，何必怕对方知道。”

她被我问愣了，犹豫半晌才回道：“可如果我这么说了，她们还是不等我，我岂不是丢人丢到家了？”

那种自卑和骄傲交织的复杂情绪，让她开不了口却又总不甘心，所以才会期待某个善解人意的人出现，读懂她所有的渴望和别扭。

我不知道一个人的一生，有多大的概率能遇到这样一个从天而降的人。但既然你已经有了心心念念之事，又何必要通过另一个人才能得到？

微笑着做个自我介绍，坦然地说出“等等我”，或者干脆就更老实一点，承认“你们聊的那些我觉得有趣，但我不大懂，你们教教我”。

能有多丢人呢？最坏的结果也不过是跟现在一样，热闹都是别人的，而你只有自己。

为你真正想要的东西，值得一搏。

我刚工作的时候，曾经提交过一个很好的项目创意，拿给我当时的老板看，她眼中明明有赞许，却还是有些犯难：“你的想法很好，真的。但是你看，公司资源有限，没办法匀出人手在新项目上试水，如果做到后期，系统也不兼容，所以……”

“没事没事，我也就随便想想，不行的话就算啦。”我急忙为她，也为我自己解了局。从此以后，那份策划案便被我压在最下面那层抽屉里，像是什么见不得人的东西。

一年后我跳槽去了另一家公司，同组的男同事帮我搬东西，无意中看到我丢在垃圾桶里的那份策划案，两眼发光："这个能不能给我？"

"拿去吧。"我意兴阑珊地摆手，"反正老板说了，这是个没法弄的东西。"

可就在我离开之后的两年，这个项目居然奇迹般地被他做成了，不仅做成了，甚至连带着优化了整个供应链，推广之后将公司的净利润拉高了好几个百分点，他也实现了几连跳，成为公司史上最年轻的中国区经理。

之前要好的同事为我打抱不平："他不过是捡了个便宜罢了，这个策划案本来应该是你的。"

是啊，它曾经是我的，但那毕竟是曾经了。无论那是多么好的机会，终究是我自己放弃了它。

我没有像他一样坚持，哪怕人手不够，一边忙着手上的项目一边去调研新的市场；也没有他那样的毅力，顶着所有人不认同的目光，自己从计算机程序设计语言学起，跟技术部门死缠烂打、软磨硬泡，最终完成公司跟新客户的系统兼容。

而最重要的，是我根本没有想过他走的那条路，就像他在电话里跟我说的那样：

"老板虽然没松口让做，但也没说不让做啊，我就自己先做着，万一做成了呢？"

那是我从来没想过的万一，所以才心服口服。

我早已习惯了等，就像小时候等妈妈点头买那件花裙子，上学时等老师同意才能走出教室。

习惯性地等待，习惯性地被动，习惯性地因为一句“可能不行”就忙不迭地说“算了算了”，即便已经长大自立，口口声声地说着要做生活的主人。

身边有太多跟我一样的人：

等着被问起才知道回答；等着父母同意才谈恋爱；等着男朋友同意才换工作；等着老板同意才开始做事。

更可怕的是，我们常常意识不到自己的被动。每天只想着“要是她们跟我说话，我该怎么回答才显得落落大方”或者“我要如何才能说服他答应我”。

从一开始便选错了方向，无论怎么努力，也不过是南辕北辙。

长大之后的生活不用等，也不需要那么多七弯八绕的内心戏，归根结底，不过是：

我想做，我去做，我来承担一切后果。

你活得这么惨，一定很努力吧

有读者找我聊天，说起快要把自己逼疯的焦虑。不是那种打完游戏发愁考试将临的微小的烦恼，也不是那种想起十年之后两眼一抹黑的遥远的焦灼。

她的焦虑更强烈和直接地表现为病理上的脱发和失眠，焦虑发作的时候，常常会把自己的胳膊掐到发紫发青。

这几年以来，她看遍了市内大小医院的心理科，吞了无数的药片，可焦虑仍像是一块没烧尽的荒草原，只要一点火星，便会熊熊燃起。

“我真的不知道该怎么办了。”她发来一长串哭脸，“我真的、真的已经努力太久了。”

像是雪地里开着暖风的屋子，不够暖，还不够暖，那就再把暖风开大一点，只要开得足够大，就能融化屋内的寒冬。

这种线性的思维方式是人的本能，当问题无法得到解决的时候，你理所当然的，就会觉得自己做得还不够。

但你有没有想过另一种可能？

为了解决这个问题，你做得已经太多了。

一九九〇年，一位名叫杰瑞·斯特恩的营养学家被派到越南，去帮助当地一个村庄解决儿童营养不良的问题。

斯特恩几乎是在到达的第一天就发现了问题所在：

糟糕的卫生习惯，缺乏干净的生活用水，聊胜于无的卫生系统，以及最关键也最致命的贫困。

想要解决儿童营养不良的问题，他就必须先解决贫困问题，然后再提供洁净的水，建立完善的卫生系统。在六个月的时间内，没有任何资金支持，想要完成这一切，几乎是天方夜谭。

斯特恩尝试通过越南政府获取帮助，但他募集到的资金跟真正需要的数额比起来可谓杯水车薪，于是斯特恩很快便放弃了这一努力，将目光转移回当地的社区：

在所有的不利条件下，这个村庄里仍有一些孩子能够比同龄人更加健康，既然无法从根源上解决问题，为什么不去寻找现有的闪光点，然后推而广之呢？

按照这个思路，斯特恩花了大量的时间在当地做调查，观察那些在同等条件下长大的孩子，仔细记录那些家庭与其他家庭的所有不同之处，得到了许多意料之外的收获。

他发现那些养出健康孩子的母亲给孩子一天喂四次饭，而其他家庭每天只给孩子喂两次饭。虽然两种方法进食的总量差不多，但长期的营养不良使得孩子们的胃无法一次消化那么多食物，喂四次饭的孩子能吸收的营养是其他孩子的两倍。

其次，斯特恩还发现那些健康孩子的母亲会在稻田里收集小虾米和小螃蟹，然后把它们掺进孩子的米饭里，正是这种创造性的改变为孩子补充了非常重要的蛋白质，让这些同样贫困，同样喝着不干净的水的孩子有了更强的抵抗力。

斯特恩把这两个小发现分享给了全村的母亲，在他离开的一年之内，当地孩子的患病率降低了30%左右。

还记得开始的时候斯特恩面临的问题吗？

贫困，缺乏干净的水，破落的基础设施。

他好像什么也没能改变，但他又的的确确改变了一切。

美国作家瓦茨拉维克在《改变》中写道：

我们常常会掉进这样一个误区——

当问题A出现，一般人会根据常理判断，用A的对立面或反义词来避免问题的发生,但只要你的思考是在“A”或“非A”中二选一,你就永远没办法摆脱它。

你得先跳出框，才能解决这个问题。

就像斯特恩并没有把所有的精力倾注在募集资金上，跟整个卫生系统死磕一样。

有时候，你需要的并不是解决问题，而是去问更多的问题：

当下有什么成功的例子吗？我要怎样才能让这些例子多一点，再多一点？

可我们从不会这样想，一旦出了问题，我们就忍不住开始惊慌失措地自查：

到底是哪里出了问题？我该怎么去修复？

这种“主动搜寻问题，不断强化问题”的思维方式，也常常是使我们痛苦不已却又无法解决问题的根源。

我以前是个性子特别急的人，常常因为进度和时间问题跟人发火，被提醒了几次之后立志要改头换面。我格外注意自己的措辞和语气，每晚睡觉前甚至还要复盘一遍自己的行为，每当发现一点点着急上火的苗头，都会特别自责。

不仅仅是因为被自己亲手树立的目标打了脸而感到羞耻，更多的还是颓丧，因为没能成为自己想成为的那个人。

然后又是加倍地焦躁和不自信，觉得自己糟糕透了，却又对这种窘境无计可施。

非但没有变得更加温柔，反而更容易生气上火。

那戾气的源头，也并不是别人做错了什么事，而是对自己的质疑、厌恶以及无能为力。

但万幸的是，我一向不是个很有毅力的人。

坚持了一段时间没见成效，我也就顺水推舟地放弃了改造自己的计划，又拾回了从前随心所欲的生活。

去年出差的时候顺路跟一位老友聚会，她迟到了半个多小时，一边道歉一边小心地觑着我的神色，在发现我的确没啥反应之后长舒了一口气："你真的变了，这要搁到当年，你非得数落我一个小时不可。"

可我是什么时候变的呢？

回想起来，大概就是那个"自暴自弃"的时刻吧，我误打误撞地跳出了那个"A 与非 A"的旋涡。

人人心里都有病，但治疗这一疾病的方法，往往就是它自己。

理解了自己的焦虑，也就接受了生活的瑕疵。

接受了自己的无能为力，也就不再轻易强人所难。

而改变，从来都是从这样不起眼的时刻开始的。

当你放弃在问题本身上的努力，当你跳出那个框的时候，当你找到那个能让自己平静下来，然后把这种平静不断扩展到其他角落中的时候。

那即是改变的开始。

决定你努力质量的不是效率，是杠杆率

在我的小学时代，有种很受欢迎的培训，叫作超脑记忆法。

听起来玄乎，其实原理不难，就是把一段毫无逻辑可循的数字或者字母用谐音记忆串联出逻辑，以突破人脑正常的记忆范畴。

而小学数学绕不开的圆周率，就成了检验这种记忆法的最佳试金石。

普通的孩子也就能背个十几位，而超脑记忆法的培训人员宣称，经过他们的培训，记忆的位数能轻松地从两位数飞跃到四位数。

那时，背诵圆周率是小学生中最常见的业余活动之一，背的位数多的孩子会被老师称为“小神童”，获得同学们以及同学父母饱含歆羡的注目礼。

我小时候很是争强好胜，连睡觉说梦话都在背 3.14159……，可还是比不过班里的几个上了培训班的同学，于是缠着父母也报了名。

上了课效果就是不一样，我再也不用苦背数字了，只要在脑子里编好故事，就能轻松地将圆周率背到五位数，那段时间，我家逢年过节的保留节目就是听我背诵圆周率。

现在想想，也真是心疼我家大人呢。

然而，记住那些数字并没能给我的生活带来任何实际上的福利，数学成绩依然差得一塌糊涂，该背诵全文的语文课文也还是背得磕磕巴巴，看似高效无比，却只是记住了一堆毫无意义的东西。

现在想来还觉得后悔。

有那些时间，我本能多记住几个公式。

毕竟一个数字就是一个数字，可一个公式，却能解开很多道题。

你不是不努力，只是不懂杠杆率。

有个想学写作的读者找我聊天，说自己已经学了很久，但还是收效甚微。我一问，她学习的方法是这样的：

看一本书或者文章，画一下结构导图，摘抄一下金句，模仿一下对白的写法，积累几个素材。

不能说这种方法有错，但也像极了一个大西瓜，别人在吃瓜，可你在啃皮。用的力气比别人大，但就是尝不到半点乐趣。

这就是很典型的一个在杠杆率上栽了跟头的做法，而一个杠杆率更高的方法是：

看一本书或一篇文章，提炼出一个主题句，然后去想：为什么作者要这样说？他是怎么阐明这个论点的？他的理论依据是什么？

所谓杠杆率，就是用同样的精力，撬动最多的资源。

而对于写作来讲，最宝贵的资源就是思维体系。

先找到源头，然后再去在字句和措辞上下功夫。

换一个支点，你看到的就是另一番风景。

这个时代，正在淘汰不懂杠杆率的人。

上周听吴晓波老师的跨年演讲，有句话印象蛮深刻的：

99% 的人会成为无用之人，那什么才不会被代替？

身边有个在银行做贷款业务的朋友，感受尤为深刻。

之前银行的每一笔贷款都需要人工审核，在这个过程中，贷款经理的经验就特别重要，但互联网金融的兴起正在逐渐使他们引以为傲的经验失去用武之地，他开始感觉到，真正的竞争对手并不是身边的同事，而是一些看不见也摸不着的东西。

从前他们要大费周章才能判断一个人的信誉，而现在蚂蚁金服的大数据，十秒钟就能生成一个人的芝麻评分；

从前他们要绞尽脑汁才能摸出一家企业的财务状况，现在只要在网上搜索几个关键词，就能轻易得到之前非得拼酒拼人脉才能得到的“绝密信息”。

他自费报了一个研修班，开始了解大数据，学习商业底层逻辑和多元思维模型，不少同事知道后，只是替他心疼那一年上万的学费。

“为什么要浪费钱？跟咱们的工作又没有关系。”

而跟工作有关系的是什么呢？

是如何把一份 PPT 做得好看，如何跟乙方吃一顿暗藏机锋的饭，如何在年终总结时不动声色地把自己夸出花儿来。

也不能说完全没有用。

但花拳绣腿和思维能力这两个不同的杠杆，能撬动的资源却是无法相互比较的。

去年，我的这位朋友跳槽去了一家风投公司，薪资、福利、人脉和招牌都有了质的飞跃，而他那些留在原地的同事，还在为了这个月能不能有一千块的奖金绞尽脑汁。

我们总是说，做事要踏踏实实地一步一步来，但有时候，想要不被时代的洪流吞没，你必须要踮起脚来跳一步，才能看得更远。

人生的加时赛，你要学会给自己加杠杆。

有三个人，他们各有一百万。

A 把钱存在银行，B 贷款买了一套房，C 出国去读了 MBA，回国后开了一家小公司。

同样的资本，A 撬动的是银行利率，B 撬动的是房价的膨胀，C 撬动的是人脉、团队和资本。

你觉得他们之中的哪一个，更容易实现财富自由？

之前跟一个朋友聊天，她也蛮拼的，工作五年几乎天天加班到深夜，工资倒也有涨，但绝不至于夸张到每年 200% 的涨幅，算是勉强能跑赢通货膨胀。

她特别丧气地问我："我真的已经很努力赚钱了，平时开销也不多，为什么工作了好几年还是这么穷呢？"

"你把钱都放在哪儿？"我顺口问。

她答："银行卡活期。"

"那……马爸爸了解一下？虽然余额宝的收益也不高，但比起银行卡活期的零点零几，还是高出了几个量级。"

按照复利的公式计算下来，同样是一百元，五年下来就会有二十多块的差距。

在人生的这场加时赛中，只靠努力并不够，你还得学会给自己加杠杆。

比如学一门稀缺的技能，比如借助团队的力量来扩大自己的影响力，比如利用资本的杠杆来打开新世界的大门。

毕竟，比死磕更重要的，是聪明。

拉开人生差距的不是努力，是顶层设计

你有没有在网上买过课程?

无论是学英语学 PPT 学写作，还是学穿搭学美妆学手绘学唱歌，不管是听得到专栏还是知乎 live，在知识付费已成潮流的今天，你有至少 90% 的概率是它的参与者。

我在微信群发了这样的一个小问题：

“你为知识付过的钱，都值回来了吗？”

表示有用的和表示没用的各占一半，有一位大哥抛出了自己买各种课程专栏的交易记录，粗略一加居然有好几千，我隔着屏幕都能感受到他的怨怼：

“这些都是我今年买的课程，但并没有什么用，一！点！都！没！有！”

马上就有反对的声音：

“欸？你买的这个我也买了啊，我觉得蛮好的，还靠这个课程考了证书，现在工资翻了三倍。”

“应该是你还不够努力吧……”

大哥急了：

“我不努力？我可是一节都没落下，甚至听了不只一遍，还做了笔记，还要我怎么努力？啊？”

同样在学习，同样是打卡，有人赚得盆满钵满，有人却亏得血本无归。

我看着他们在群里认真地互怼，想起不久之前听的刘润老师的一节课，讲的是盒马鲜生的取胜之道。

作为阿里帝国的一员，盒马鲜生刚一入市就赚足了眼球。

它是超市，卖蔬菜水果各种饮料；还是海鲜市场，卖活蹦乱跳的澳洲龙虾、阿根廷红虾和大闸蟹；自开张起业绩就一路猛涨：

短短一年内就创造了2.5个亿的营业额，坪效利润5.6万，是同行的3.7倍。

利润如此可观，模仿者自然层出不穷，很多传统生鲜超市专门派人去盒马鲜生打探敌情，得出了很多“有用”的结论：

他们真的很会选品，食材都是产地直供的，牛奶只卖当天的，我们也要学；

他们的店员都很年轻，做事效率高，我们也该改革一下人事了。

经过好几个月的反省和模仿，很多传统的生鲜超市终于……倒闭了。

用尽心思地追赶先进的零售业态，却活生生把自己折腾成了先烈，问题到底出在哪儿呢？

答案藏在盒马鲜生面世之前。

创始人侯毅给阿里巴巴的 CEO 张勇立下军令状：

盒马鲜生不会成为传统超市，它存在的目的是从线下将顾客引流到线上，通过三十分钟配送的超高速度，把客流量引到盒马鲜生的APP，通过线上下单的形式进行交易。如果六个月后线上的成交率低于每天 5000 单，即使盒马鲜生是盈利的，也必须关掉。

发现了吗？

盒马鲜生的“顶层设计”本来就跟传统超市不一样，它在开张之前就很清楚自己的定位、目标、商业模式和交易结构。

之后所有的工作，组团队也好，找场地也罢，解决一个个的具体问题，其实都是为这个“顶层设计”来服务的。

所以，它不需要富丽堂皇的装修，但东西一定要全要好；它卖的东西可以很便宜，但哪怕你只是买一瓶水，也必须通过它的 APP 支付。

只有这样，才能完成从线下到线上的导流，搭配上阿里成熟的物流配送系统，让有限的店铺面积产生无限的经济效益。

反过来看盒马鲜生的模仿者，失败的原因也正是如此。

学选品，学服务，看似有模有样，却没学到它的精髓。

学别人只卖产地直供的产品，可你手上有那么多的流动资金吗？就算有，你的场地放得下那么多货物吗？你是不是还需要扩建冷库，增加人手呢？

折腾了一圈，好不容易吸引到几个客户，买了一单之后就不见了踪影——

不是你的东西不好，而是因为店在城北，我在城南，总不能为了买点海鲜就要穿越大半个城市吧。

人家有成熟的冷链物流，半小时配送不在话下，你又要怎么办呢？

弄得手忙脚乱，拆东墙补西墙，一不小心就把自己学成了四不像。

有时候，知道自己要做的是什么，远比知道自己要去做什么更重要。

没有顶层设计的努力，就像一个没有边界的空架子，不管你往其中填充多少东西，都无法让它成形。

我常常收到读者的提问：

“怎么学英语？”

“怎么提高阅读的效率？”

“怎么学写作？”

言辞之迫切，态度之诚恳，配得上求知若饥、虚心若愚八个大字，可每当我问他们：

“你为什么要学？”

“你想学到什么程度？”

“你打算用多久的时间达到目标？”

只有为数不多的人能说出清晰的规划，大多数人的回答则是“我想给自己找点事做”“我想成为更好的人”等模棱两可的套话。

正是对这三个问题的不同回答，逐渐拉开了人与人之间的差距。

举个例子，如果你学英语只是为了去新马泰旅游一圈，记上几十句常用的口语基本就足够了，可如果你偏要买本“红宝书”死磕，哪怕头悬梁锥刺股，还是不会说也听不懂，反而会让你对英语生出厌恶和恐惧。

又或者，你看身边的人都在学习，不管三七二十一就挑贵的、有名气的课一通苦学，可学了一大圈什么都用不上，时间一长，自然就会把它忘得一干二净。

这就是典型的缺乏顶层思维，自己给自己挖坑的努力。

花一个月的时间，想一想你想去的方向。

想想一年后、三年后、五年后，你想要成为怎样的人，做什么样工作，达到什么样的生活状态，然后倒推回眼下的每周、每天、每个小时，那就是你的顶层设计。

学会规划自己，是比努力更重要的东西。

“我真的绝望了。”“那就好。”

武志红老师在《感谢自己的不完美》中，写过这样一个故事：

女孩Z，两三岁时父母离异，离婚后母亲不知所终，父亲忙着挣钱养家，只好把她寄放在亲戚家里。她从小寄人篱下，早早就学会了看人脸色，总是努力讨好每个人，但在学校还是总被人排挤，没有一个朋友。

有次学校换新课桌，需要交几十元钱，她因为拿不出来被老师排到了教室最后，被那些比她高的同学挡得连黑板都看不见，还要忍受同学们的嘲笑和排挤。她又羞惭又痛苦，生出了自杀的念头。

她在一张白纸的两边分别写下自己应该活着和应该去死的理由，

然后悲摧地发现，该去死的理由比该活着的理由多出了长长的一串。

她忍不住痛哭起来，一边哭一边回忆自己的种种不幸，本来准备哭累了就去死，但哭着哭着，心里却忽然冒出一个声音：

是的，你很惨，但你还可以做很多事。

这个声音让她一下子生出了想要活下去的念头。

反正都已经这么惨了，还能坏到哪儿去呢？既然无法再坏了，那就来试试看做些什么吧。

等到武志红的那本书出版时，女孩儿已经二十八岁了，读完大学，自己在广州开了一家店，身边也有了不少能交心的朋友。

听上去挺不可思议的吧？但在一个人把所有拧巴的内耗都用来改变人生之前，你永远不知道这个人的身体里究竟藏着多大的力量。

我很差劲啊。但那又怎样？

在小说《被嫌弃的松子的一生》中，女主角松子则恰恰相反。

她从小得不到父亲的爱与肯定，一生都在试图弥补这个缺憾，总是仓皇地从一个怀抱逃进另一个怀抱，却每次都所托非人。

一次次掏心掏肺的付出，拼将一生休，尽君一日欢，可换来的却是一次次的欺骗、利用和抛弃，一次次重复童年的命运，直到死亡。

我有时候觉得，松子的人生悲剧的根源其实并不在于缺爱本身，而是在于她从不愿意承认自己缺爱这一事实。

她所做的一切都是在证明“瞧，我也被人深爱着呢”，哪怕那段爱是刀山火海，她也会毫不犹豫地一头扎进去。

急着用身边的一切来填补那个黑洞，仓皇到了饥不择食的程度，好像一直在努力，却始终都在追着那个错误的答案。

我常常忍不住想，要是她能认命就好了。

对啊，我就是缺爱，那又怎么样。

爱又不是雨，总会平均地落到每个人的头上，得不到也没什么大不了的，最差的结果，也不过是一个人过一生。

以松子的品格和能力，即使一个人应该也能活得很好吧。

她并不是被软弱所害，相反，她死于“从来不肯软弱”。

绝望，有时是一种止损。

我的一个好朋友前段时间失恋了，一把鼻涕一把泪地求姐妹们支招挽回男友的心。

她是真的喜欢那个男孩儿，也是真的喜欢到茶不思饭不想的程度，我们常常深夜里还在微信群里集思广益给她支招。从妆容到话术，从如何展示楚楚可怜到如何反复出现在他的朋友圈子里，办法想了一个又一个，直到半年之后传来噩耗：他跟初恋女友复合了，准备年底领证。

我仍然记得那一夜她泪眼婆娑的样子。

虽然恨不得把那个人五花大绑来跟她立刻拜堂，但我们也只能无奈地摇头。早在他们还在一起的时候，我们就对他那位女神般的初恋多有耳闻，如今女神主动回头，哪还给她留下什么回旋的余地。

挺怕她想不开的，几个玩儿得好的朋友私下商量好每天派一个人去陪她吃饭，当我第二天拎着外卖敲响她家大门时，她的眼睛虽然还肿得像桃子似的，却已经敷上了面膜。

“想想真是绝望啊，我的余生都不会有他了。

“他再也不会接我下班，再也不会陪我玩儿乐高，再也不会像以前那样从背后抱着我了。

“但好像也没什么了不起的，没了他，我也不是不能活。”

那是她痛哭了一整夜之后想通的人生。

你看，有时候绝望也没那么可怕，真正可怕的是你从来不肯承认那就是尽头。

失去的就让它失去，得不到的就果断放弃，绝望有时也是一种止损。

绝望之后，才有选择。

我上个学期拿助学金的舍友新买了一辆奥迪

一个相熟的小姑娘找我聊天，连着发了好多条微信，气哼哼的："这几天开学，我有个舍友直接开着奥迪 TT 来的，大红的车往宿舍楼下面一停，真的不要太拉风。说出来你可能不相信，她上学期还申请助学金呢，这会儿倒是摇身一变成公主了。"

我正在开会，心不在焉地回她："一个寒假挣六十多万，抢银行了吗？"

她又感慨一声："那你是没见着送她来的男朋友，老得都跟她爸一样了，听说是中年丧偶，想等她一毕业就结婚。我舍友长得好看腿又长，硬是一朵鲜花插在了牛粪上。”

“所以呢？你是嫉妒，还是鄙夷？”我问。

“都有点吧。”她说，“还有点心疼和想不通。”

“其实我们关系还蛮好的，看得出来，她其实一点也不喜欢那个老男人。

“那我就不懂了，明明不喜欢为什么还要在一起，就只是为了从他那儿要一点东西吗？我就这么跟她说了，可是她反而说我傻，说面前摆着跳板不用白不用，他随便提携一把，就抵得过自己奋斗好多年。

“虽然本能地抵触她这种说法，但理智上又觉得她说得对，我爸妈就是普通工薪族，辛苦地干了一辈子，也没买得起奥迪 TT 用得起 SK－Ⅱ。”

最后她说：“想想一起毕业的场景就觉得挺‘丧’的，自己灰头土脸地跑招聘会，拿着寒酸的实习工资，人家高枕无忧地在宿舍里敷着面膜收房租。”

寒窗苦读十二年，不如嫁个有钱人。

柴静的《看见》里曾写到这样的一个片段。

一个拍摄虐猫视频的人接受采访，提到自己也养过一只猫，十七岁时老死家中。柴静的同事老范发问：

“如果现在付钱给你，让你踩你自己的那只猫呢？”

“我会收下钱，让人把它带走，不要让我看见。”

“如果一定要让你看着，当面踩死呢？”

“如果……钱高到一定程度的话，可以。”

他回答完了之后立刻开始反问：“如果你也养猫，他们也付给你足够高的价格呢？”

老范回答得斩钉截铁：“绝不可能。”

“五百万。”

“绝不会。”

“一千万。”

“不会。”

“五千万。”

“不会。”

“一亿。”

她脸上像有个顿号一样，很短地迟疑了一下。

“不会。”

他诡谲地笑了笑：“如果更多呢？总有一个能打动你的点吧？你只是不会那么轻易地跨过你的底线，这就是你和我的区别。”

那是一段真实到可怕的采访记录。

人远没有自己想象中的那样清高，你自以为的坚定不移，可能只是因为诱惑还不够令人心动。

可生活的残忍之处就在于，你越是没有资本，需要抗拒的诱惑就越多。

挚爱如是，青春如是，尊严如是，乃至生命本身也是如此。

从你开始认同金钱能够衡量一切时，你的人生就已经被标上了价码。

而那就意味着你的生活、你的底线，乃至你的尊严，都是被明码标价了的，都可以用金钱去交换。

总会有能出得起价的人，买走你以为坚不可摧的底线。

一步步越陷越深，像是悬在头顶的那把仅用马鬃系着的达摩克利斯之剑，剑锋落下之时，才是万劫不复的开始。

可最开始的时候，那也不过是无害的试探而已。

塞德希尔·穆来纳森在《稀缺》中提出了一个叫“带宽”的原理。

当我们手头上的钱不够或者一件事的截止日期就快到来时，我们就会产生稀缺心态，这种心态会导致我们将注意力全部集中到眼下的某物或者某事上。

它会减少我们的心智带宽，降低前瞻性，同时削弱我们的执行控制力。

以金钱为例，对于金钱的稀缺心态会让人把所有的注意力集中在钱上，变得冲动并失去控制能力，心智带宽减少，做出错误的决定，然后进一步放大对于金钱的稀缺心态，陷入一个无法脱身的旋涡。

稀缺陷阱尤为可怕的一点，就是它会让你身在其中而不自知，让你觉得自己只要再多一点钱，就能摆脱现在的一切，进入更好的生活，就能逃脱这个恶性循环。

一边用尽全力，一边越陷越深。

我不是想断言嫁了豪门的女孩儿一定会不幸，但她们其中的很多人，尤其是在很年轻的时候，是不懂得财富背后的秘密的。

她们对商业嗤之以鼻，对人脉不屑一顾，对机遇一知半解，满心满眼只有今天买了几个新款包包，或者又收获了多少羡慕的眼神。她们享受那种“一朝翻身人上人”的快感，却往往没有带宽去思考最重要的问题：

青春易逝，红颜易老，抛去可供依附的一切，自己有何立足的资本去维持正常的人生？

想要过上更好的生活并没有错，但那需要的不仅仅是美貌，还有大脑。

有这样一句老话：欲望就像海水，越喝越渴。

在你学会弄潮之前，要先保证自己不被它吞噬掉。

你的习惯，就是你未来的模样

吴军老师在专栏里写到了一件早期在谷歌工作时的趣事。

有天他看见技术部的总监正在批评下面的一位程序员，因为这位程序员在使用一种很笨的排序代码，程序员也不服气，辩解说这次总共参加排序的数目不大，采用什么排序方法用的时间都差不多，他因为任务紧，自然就挑选了最简单的代码来写程序，认为总监是在有意为难他，鸡蛋里挑骨头。

总监走后，程序员委屈地来找吴军评理，吴军回答他：

人生活在小数字的世界里，难免会保留固有的习惯，但你既然从事了计算机这个行业，就要假设这个数值会变成无限大，一旦上

限增加，笨办法造成的额外工作量可不止十倍百倍。

在旧的习惯毁掉你之前，你必须赶快把最高效的做法变成你的新习惯，越快越好。

之所以想起这件事，是因为有个读者来找我聊天，苦恼地说起自己最近加班加到吐血，而最让她沮丧的并不是巨大的工作量，而是她自己的马虎。

就是那种挺常见的粗心，Excel 数列格式不对用不了函数，只好手动地一个一个去算上百行的数据；PPT 图片大小总是弄不好，要么图片大得超出了边框，要么小到连关键数据都看不清；更别提敲错一个小数点或复制错了行，导致所有数据都得重做这种乌龙。

并不是多难的问题，她也一再提醒自己要认真、要小心，可每次复查都会出现大大小小的问题，只好一个人留下加班返工，有时还会耽误整个组的进度，弄得自己愧疚不已又心力交瘁。

她是今年才换到新部门的，前几年在公司负责一些文字工作。因为是辅助类工作，都是不大引人注意的那种，比如全角半角的标点老是不分，“的”“地”“得”也常常用错，虽然也常有小毛病，但都无伤大雅，老板偶尔说她几句，也是玩笑多过批评。

从一开始的略带忐忑到后来的习以为常，那种“差不多过得去就行了”的心态逐渐成为了她做所有事的习惯。

为什么要那么认真啊，反正也不重要，反正也没人看见。

然而到了有人在意，有人看见的那天呢？

这世上少有人能脱胎换骨，却有个词叫积重难返。

前段时间，我跟公司的一位前辈一起出差，九个小时的航班，又一路都在讨论项目上的细节，到了酒店我连澡都顾不上洗，恨不得推开门立刻就躺下，然而她问我："半个小时收拾一下，然后健身房见？"

那个姐姐年长我几岁，我不好意思直说自己想偷懒，先是找借口说手机没电，又说要回房间去熨明天要穿的西服，所以没时间。

"不是没时间吧，是没习惯。"她毫不留情地揭穿我拙劣的借口。

"有些习惯，你三十岁之前养不成，就一辈子都养不成了。就拿健身来讲，现在还单身的你都挤不出时间，等再过两年结了婚、有了孩子，就更有理由把这件事一拖再拖。

"但如果你把它当成一个无论如何都要去履行的习惯，无论你多忙都能挤出时间来，哪怕是一边敷面膜，一边趴在地上做几分钟平板支撑。"

即便是作为一个重度懒癌患者，我也不得不承认她的话很有道理。

就像我每天不看会儿书就会觉得浑身难受一样，因为这一习惯的存在，我能在一切场合迅速地进入阅读状态，无论是在晚高峰的地铁上还是两个会议的空隙，我总能掏出 Kindle，找个角落飞快地看上一会儿。

就像她不相信会有人真的“没时间健身”一样，我也从不相信有人“没时间读书”。

所有的时间问题，归根结底都是习惯问题，你真的想要去做的事情，从来不怕没时间。

我的一个朋友曾讲起自己一次失败的面试经历，悔得肠子发青。

他之前在一家非常轻松的国企上班，上下班从来不需要按时打卡，按个指纹不过是做做样子，所以一到冬天他就懒癌发作，三个月里，能按时去上班的日子没有几天。

待了三年多，他觉得生活特别无聊，就想换个环境挑战一下自己，正好当时有家五百强外企正在招人，经验资历全都对口，他精心地准备了简历，电话面试和笔试也非常顺利。

只剩下最后一轮面试，他也早早就开始准备，背景资料查了一大堆，对最可能被问到的几个问题，也都精心地准备了最妥帖的回答。

面试的时间定在一个工作日的早上九点，他请好了假，早早就上床睡觉，还特意多上了一个闹铃。

但他还是起晚了，他像往常那样摁掉闹铃，重新把自己裹进被窝里，不知又睡了多久的回笼觉才忽然一个激灵：糟糕，还有面试呢。

按时赶到肯定是来不及了，他硬着头皮给 HR 打电话问能不能改时间，得到的只有一句“很遗憾”：

“负责面试的合伙人十二点的飞机去伦敦，这会儿都已经离开公司了，这个岗位，恐怕已经定了别人了。”

他恨不得揪着自己的头发扇自己两个耳光。

真是没想到，在人生这样一个关键的时刻，拖后腿的不是智商，也不是情商，甚至不是能力，而是一个微不足道的习惯。

可谁又能说不是呢？

就像巴克曼说的那样：

什么是人生？

它是你所有习惯的总和。

你现在的每一天，就是你未来的模样。

真正聪明的人，都很会“要”

你可以不给，但是我需要。

这十个字，是我听过最简短却也最实用的相处之道。

真正聪明的人，都很会“要”

周末跟一位做人力资源业务合作伙伴的朋友吃饭，她讲起一次面试候选人的经历，让我感触良多。

公司空缺的职位是一个部门的副总监，四轮面试之后，剩下了两个候选人，从年龄、意愿和经验等各个方面来讲，这两人都不相上下。最后一轮是合伙人面试，到了这一轮，最终拍板的权力已经不在 HR 的手中了，但为了保证公平，她也需要在场。

面试进行得非常顺利，就在离结束还有十几分钟时，合伙人忽然看似很随意地发问：

公司新业务板块的拓展现在遇到了困难，新产品利润薄，市场占有率低，以提成红利为导向的销售部门对推广新产品并不热衷，反而依旧是把大部分的精力花费在推广旧产品上，你上任之后将如何解决这一难题？

候选人 A 侃侃而谈，从市场讲到团队管理，从人心讲到市场营销，甚至还立了军令状，如果他能上任，保证六个月之内解决这一难题。

我的这位朋友并不了解部门的具体业务，但只在一旁听着，都觉得 A 条理分明自信满满，恨不得冲上去替合伙人拍板：确认了眼神，你就是对的人。

尤其是在候选人 B 开口之后，更让她坚定了自己的想法，因为 B 根本没有回答这个问题，而是一连提出三个反问：

我的团队里有多少位可以独当一面的业务精英？

我都能从其他部门得到哪些资源上的支持？

公司最多能给我多长时间？

她心里已经有了判断，便没有再认真听 B 的回答，只顾低头整理两个人的资料，面试很快便结束了，合伙人起身：

“准备给 B 办一下入职手续吧，今后就是同事了。”

“怎么会是 B？”她吃惊的表情还没来得及收好便被合伙人看在了眼里。

他笑了笑，解释道：

“A 说的那些东西都很对，也说得很好，但无论哪一项都不是他单枪匹马就能完成的，不先确认自己的团队实力多强，公司能给多少资源倾斜，管理层有多长时间的耐心，理论虽然漂亮，但真干起来就会发现处处意外，几头受阻。

“而 B 不是的，从一开始他就预计到了推进的过程中会有什么问题，需要公司从整体层面给予什么样的支持才能把它们全部解决。

“高手对弈，棋差一招便满盘皆输，更别说 B 比 A 的战略眼光高了不止一点。

“你记住，一个真正聪明的人，不仅会给，也很会要。”

我特别理解她听到这句话时的瞠目结舌，从常规的思维方式来看，A 不就是日常生活中的我们吗？

掏心掏肺，搜肠刮肚，恨不得把自己的所有好东西都拿出来给别人，但很少开口去要。

在学校帮舍友打水签到买零食，但却连“你一会儿帮我取个快递吧”都说不出口。

给男友买鞋买衬衣买领带，但总是不好意思说“我想要那款口红，你送我好不好”。

在公司任劳任怨如老黄牛，却总是一到年终就犯尿，老板不说加薪，自己也从不主动开口要求。

口口声声“我对你好不求回报”，信誓旦旦“我喜欢的东西我自己买”，自欺欺人说“我工作才不是为了钱”。

说得都挺漂亮，但谁咽下过的苦，谁自己知道。

职场如此，关系中尤甚。我刚工作的时候跟一个姐姐面对面坐，那时候她有男友，高高帅帅的男神一枚，她心疼他心疼得要死，我几乎每天都能听到她在电话里说：

“你不用来接我，我一会儿加完班自己回去就好。”

“不用给我买饭了，我在食堂随便吃点什么就行。”

“口红啊，我不要，这周末我跟朋友逛街自己买就行了。”

多么体贴，多么大气，多么温柔，我把她当作偶像一样崇拜。可还不到一年，他就提出了分手。

那时正好是年底，我们团建去聚餐，她借着点红酒在聚会上哭了起来：

“她哪点比我好？每天让他干这干那的，他上班那么辛苦，她还要他陪她买东西提包，我那天看见他，他都瘦了。我对他那么好，他怎么就一点也不珍惜呢？”

我们几个没谈过恋爱的女孩儿围在一边七嘴八舌地安慰她，数落那个男生的不是，只有我们那位精致又精明的女主管冷眼旁观了半晌，最后终于开了口。

而我至今仍记得她说的那句话：

“我知道你是心疼他，很多事情也不是必须依靠他才能解决，但很多时候，需不需要和必不必要是两码事。你什么都不要，你就一点也不重要。”

我从那家公司跳槽后，有次跟女主管约饭，她老公开车送她过来，说下午手头上还有点事，想把车钥匙留给她，让她吃完饭自己回家。

穿着七公分的高跟鞋都能在十分钟内穿越两栋航空楼，出差连着开六个小时的高速夜路还能东奔西走的她，却摇头摆手地撒起了娇：

“不嘛，你忙你的，我又不着急，你忙完了记得接我回家。”

我不解风情地接话道：“要不一会儿我送你吧。”

她睨了我一眼：“你的车技不好，没我老公开的车坐着舒服。”

我险些喷出一口老血，而她老公竟也没露出厌烦的神情，眼神里反而多了点宠溺，点头说好。

我替她白担心，问：“你这样会不会影响他工作啊？万一他没弄完还要赶着来接你，耽误了事情多不好。”

她大笑：“你傻啊，我就是那么一说，又不会催他，他要是没忙完我打个车回去跟他说一声就行了。”

也知道他忙，也知道他不一定能来，但我只是表明我自己的态度。

你可以不给，但是我需要。

这十个字，是我听过最简短却也最实用的相处之道。

可我不是的，我认识的很多人也不是，他们对“给”情有独钟，却非常害怕去“要”。

给的时候姿势多好看啊，端的是一副高风亮节，“我有大好河山分你一半”，多么慷慨和体面。

但要的时候就不是，它让人显得软弱，显得无能，显得不那么独立，一点都不酷。

可也正是因为软弱、无能、不那么独立，才会让另一个人产生“被需要”的感觉，才能让对方了解你的需求，无论是你渴望的爱意还是你需要的资源。

正是这些“有来有往”，才让关系成为关系，而不是让一个人站在桥梁中间独木难支。

正如柴静在《赤白干净的骨头》里写的那句话：

美比真好看，但真，比美好。

二十五岁之前，
一个人要学会成为自己的树洞

事后想来，那场同学聚会是从大林的出现开始画风突转的，他来迟了半个多小时，一进门就连忙告饶：

“抱歉抱歉，老板夺命连环call临时让我改个PPT，改了三遍还不满意，好不容易弄完准备走，媳妇又说娃发烧了，这不刚把他们送到医院，来这儿报个到，我还得赶快回去。”

他匆匆地说了几句，又匆匆地走了，走之前正巧服务员来上主食，他抓起一个荷叶饼就往嘴里塞，手里还不忘捎上一个：“我这从早上到现在还没吃饭呢，先走了啊，你们慢慢聊。”

他来之前，我左手边的几个人正聊到自己的公司准备年初就开始B轮融资，右手边的正互相吹捧着对方名片上更上一层楼的头衔，我也正在跟身边的朋友聊着新一年的职场规划。

而大林的出现改变了这一切。

老班长叹口气："我晚上回去也还要加班，老板人在夏威夷度假，每天还要催我写方案，真是连年都不让人好好过，挣点钱不容易。"

紧接着是文艺委员："唉，现在养个孩子不容易，前几天我家小宝生病，我家那位在外面出差，我一个人熬了好几个通宵。"

半是出于社会礼节，半是出自真心实意，大家不约而同地开始讲起了生活的惨、苦和累，一桌子饭菜也没人再动，一时间此起彼伏，饭桌上全是叹息声。

我跟一位朋友同路回家，她感慨："今天真是太累了。"

我随口答道："社交一小时，回家缓半年，的确是挺累的。"

"不是的。"她摇摇头，"不是因为社交，而是忽然觉得生活就挺累的，看到每个人都那么用力，却都过得不那么好，爱莫能助又感同身受，忽然就觉得特别丧。还是喜欢大家一起展望未来吹吹牛，哪怕只是一场欢乐的情景剧，起码也还是有点光的。"

我很久以前在微博上看到过一句话：

人到一定岁数，自己就得是那个屋檐，再也无法找其他地方躲雨了。

可是我没想到，这个年龄会来得这么早。

我身边年长一些的朋友告诫我："从二十五岁开始，你就要学会做自己的树洞了，很多事不要说，也不必说出来，自己慢慢消化就好。"

那时候的我还是个连手蹭破一点皮都要跟好友呼痛半小时的Drama Queen，对这句话完全不能理解。跟哪个同学不对眼，对哪个老师有看法，上哪门课很无聊，针尖大的小情绪都要跟朋友家人抱怨吐槽。

是从什么时候开始改变的呢?

或许是从拨通男友的电话，他比我还疲惫地说自己正在加班开会，晚一点打回给我的时候；

或许是跟闺蜜视频时情绪崩溃，而她一边安抚身边的小孩，一边焦头烂额地安抚我说"你别哭，我抱不到你的时候"；

或许是祖父祖母辈开始频繁地进出医院，再也不能像从前那样微笑着任我撒娇的时候。

我清楚地记得有次我因为职场上的一些事，约一位前辈聊天，那天我一直在抱怨，一直讲自己有多烦恼有多痛苦，而他却毫不客气地对我说：

"如果你不告诉我你需要什么帮助，只是想说你现在过得有多不好，那今天这场谈话就没有任何意义。"

比比惨，交换一下情绪，确认一下彼此的沮丧是太过孩子气的东西。说事情，找答案，然后去行动，这才是解决问题的方法。

而我是在那一天回家的路上，忽然明白了二十五岁这个分水岭的意义之所在的。

我们二十五岁之前遇到的问题都太情绪化了。

无论是十五岁时跟同桌闹了别扭，还是十八岁时刷题刷到想哭，无论是二十岁时纠结多思的“他喜欢我，她不喜欢我”，还是二十二岁时初入职场的懵懂与茫然。

那些事情与其说是问题，不如说是情绪上的一个疙瘩，只要有人陪着，有人说我懂，有人说“看看，我比你还惨呢”，自己就能满足地哈哈一笑，次日醒来又是新的一天。

可是二十五岁以后遇到的问题却已经开始脱离情绪。

工作三年卡在不上不下的瓶颈；

不得不面对的亲人离世，或是还没准备好就做了父母；

职场遭遇了手狠心黑的马屁精同事；

开发商迟迟不交房，现在的房东不续租……

没有哪件事是能被几句轻描淡写的安慰或是抖机灵的调侃打发掉的。

见面寒暄时问的“你最近好吗”更像是一句标准课文里的“how are you”，若是你不按常理去答“fine, and you”而是顺势开始抱怨倒苦水，大多会收获一个略带尴尬的笑容，或是另一个比你还惨的故事。

你会在对方的笑容和故事中确认自己的悲苦与沮丧，却又因为没有获得解决问题的方法或力量而更加难过。

有人说，中年危机这个词已经不再适应这个社会了，现在都叫成年危机，从成为成年人的那一刻起，便步入了残忍的丛林。

可能拯救成年危机的，恰恰不是抱怨、嘲讽、互相比惨或者是互相安慰，而是一个人的勇气。

没人陪你，没人懂你，没人能手把手地帮你解决生活中的种种难题，而你，只能在一次又一次的失望和挫败中慢慢成长。

学会不再哭丧着脸四处抱怨，学会不相信太过轻巧的安慰或敷衍。

学会成为一个合格的成年人，不自怜，不自哀，不自怨。

许巍的《曾经的你》里有这样一段歌词：

每一次难过的时候
就独自看一看大海
总想起身边走在路上的朋友
有多少正在疗伤

我总觉得，这或许才是对待情绪的理想态度吧：

有情绪，但自己能治愈。

知道自己并不是在孤军作战，但永不用悲伤和绝望去交换战友。

愿与你共勉。

我最好的朋友，是我的内心戏

在地铁上旁观了一对母女吵架，觉得蛮好玩儿的。

小姑娘大概上高中的模样，正拿着手机刷新闻，忽然伸手戳了戳眯着眼睛打盹的母亲，紧张兮兮地说："妈你看，新闻上说有一家人因为吃了泡得太久的木耳都住院了，你以后千万别把木耳泡那么久了，多危险。"

做母亲的撇撇嘴："别信这些有的没的，我做了这么多年木耳都是这样吃，你还不是好好长大了。"

"昨天家里的凉拌木耳……你不会也泡了好几天吧。"

"是又怎么样？我做了这么多年饭了，还要你教我？我是你妈，我能害你？”

“以后咱们就现吃现泡吧，你这种做法不安全。”女孩儿坚持。

“就你能是不是！”女孩儿话音未落就被母亲打断。

“你做过饭吗？长到十几岁厨房都没下过一次，还在这儿挑拣我的不是，有本事你以后别吃我做的菜。

“我天天下班累得要死还要给你做饭，你不领情就算了还教训起我来了，这么多年书都读到哪去了？小没良心的，跟你爸一模一样。”

那女孩儿在母亲的怒火和抱怨中败下阵来，草草嘟哝了一句“我不是这个意思”就转过头去，脸上也有愠色。一直到下车，母女俩都没再说过一句话。

有次聚会，一位女友讲起自己的童年往事，觥筹交错间竟差点掉下泪来。

她小时候家里有段时间出了意外欠了很多钱，爸妈都在外面打工还钱，而还在上小学的她，特别想要一个跟同桌一样的新款书包。

她软磨硬泡了很久妈妈才答应，只要她期末考试考全年级第一就给她买新书包。

说这话的时候，她排在班里的十名开外，对新书包的渴望让她忽然爱上了学习，成绩突飞猛进，居然真的考到了第一名。

而当她兴奋地把奖状拿回家讨要新书包的时候，只得到了一声无奈的叹息：“昨天刚还了一笔钱，等有钱了就给你买。”

这个书包，从她八岁欠到十八岁，再到二十八岁，即使后来家境好转，也没有人再想起。

她有次回家偶然跟父母提起："我小时候你们还忽悠我，说考第一名就给我买书包，结果一直都没给我买，我失望了好久呢。"

不过一句笑言，却惹得父亲勃然大怒。

"那时候我跟你妈一天打三份工供你上学，你问过我们有多辛苦吗？一个破书包你记这么久，我们为你做了这么多事你怎么不说？"

她刚解释了几句，母亲就眼泪汪汪地跟着数落："我当时不那么说，你能努力学习吗？你现在能上得了大学吗？当年家里哪方面不是好的都紧着你先吃先用，你怎么能这么说。"

她那天几乎是从家里逃出来的，如今提起依然红了眼眶。

"我根本就不是在翻旧账指责他们，他们把我想成什么人了？我在他们心里真的这么没良心吗？

"不过是想好好说句话，怎么就那么难。"

这样的情形，似乎更应和了那句"父母在等我们道谢，我们却在等父母道歉"，看似同一个层面上的对话，其实对话的双方根本不在同一个频道上。

习惯了活在内心戏之中的人，往往特别容易陷入防御性倾听。

他们往往会先给自己预设一个自我保护的立场，比如"她是在挑衅"或者"他可能是故意要激怒我"，使得所有后续的对话都像是不受控制的小磁针，纷纷向自己预设的立场靠拢。

在这样的对话中，并没有“你”和“我”，有的只是一个人和他的内心戏。

当地铁上的那个小姑娘说“你这种做法不安全”时，她母亲听到的却是“你是错的”。

当我的这位朋友讲起“我失望了好久时”，她父母听到的却是“你们真是不负责任”。

一个在讲事实，一个在讲道理。

一个满怀怒气，一个满腹委屈。

更糟糕的是，习惯于防御型倾听的人往往并无法意识到自己的沟通模式，当你告诉他“是你想多了”“我没有这个意思”时，他们反而会更加生气。

如果你不得不跟这一类人打交道，最好的方法并不是讲道理，而是找到并且避开他们的雷区。

知道对方特别在意对错，就不要用“你应该”“你最好”这样的句式，可以尝试更委婉一点的聊天方式，比如：“我知道一个方法×××，你觉得怎么样？”

防御型的人只是固执，但并不傻，只要不被踩到雷区，他们便有足够的理智来思考和吸收你讲的这件事，而不是急于证明“你是错的，我才对”。

如果你是防御型的人，不妨尝试主动跟对方确认他的想法，多采用“你的意思是 ××× 吗”和“你是不是想说 ××××”这样的句式，来弄清对方的真实想法。

别让内心戏成为束缚你人生的茧房。

人生只有一次，别拧巴，好好活。

陌生人跟我说话的时候，我会假装在听歌

曾经在微博上看到这样一个话题：在陌生的场合，你会怎样避免跟其他人交谈？

下面的回答五花八门：

假装在听歌，哪怕手机早就没电了也不会摘耳机；

低头假装发微信，好像手机里有世界上最好玩儿的东西；

出门永远戴着口罩和墨镜；

不停地喝水，然后借机跑去洗手间待很久。

在陌生人中，面对未知的对话方向，或是与比自己厉害很多的大神同处，对许多人来讲，是“社交中不可承受之重”，可对于另一些

人，这却是最能让他们如鱼得水的场合。

一个著名的社交案例，来自美国总统比尔·克林顿。

那是一九六八年，他还是牛津大学的一位学者，有次在聚会上遇到了另一位名为杰弗瑞·斯坦普斯的学生，克林顿立刻掏出了一个黑色的笔记本，问道："你是做什么的？为什么会来到这里呢？"

杰弗瑞答道："我是富布莱特奖学金的交换生。"

克林顿立刻把"富布莱特"四个字记在了笔记本上，接着又询问了他的本科学校和专业。

杰弗瑞不禁好奇："比尔，你把这些记下做什么呢？"

"因为我要参政，我打算竞选阿肯色州州长，我要记下遇到的每一个人。"克林顿回答。

《华盛顿邮报》如此评价克林顿的社交魅力："他即便是在屋子的角落，往墙上随便一靠，都能迅速吸引人的注意力，他认识所有人，这种认识不是只停留在名片上得到的基本信息，他还知道别人的职业、兴趣等。"

社交魅力是天生的吗？

为什么有的人非常努力地想要提高自己与人交往的能力，却并没有什么实质上的突破？

以及，社交在个人的发展中究竟扮演何种角色？希望这篇文章能够帮助你更好地理解这三个问题。

1. 社交能力也会遗传吗？ Yes！

如果你的父母没有广交朋友、积累社会资源的行为，如果你从来没有见过他们在家里宴客或是参加什么社会活动，你便可能只是跟同学和同事交往，每天过着朝九晚五的生活。

如果你的父母认为“只要自己努力就能成功”，你走上社会之后也很难认识到人脉对于成功的重要性，只是自己闷头努力奋斗，不愿主动结交贵人，也不会在意高手的提携。

社交能力跟财富一样，都是可以遗传的，而它与财富不同的是，它不仅仅是资源的交替，更是一种习惯和处世态度。

《别独自用餐》里，基恩·法拉奇讲了他童年的一个故事。

在他还在上小学的时候，有次跟父亲一起回家，父亲看到路边的垃圾堆里有一辆坏掉的玩具车，他停下来把玩具车捡了起来，然后敲响了垃圾堆旁住户的门。

他对主人家说：“我在您家垃圾堆里发现了这辆玩具车，您介意我把它拿走吗？我想我可以修好它，能够送我儿子这样一件玩具，我会感到非常开心的。”

主人家自然应允，并且因为做了善事而满心欢喜。

那种愉悦的交流氛围对法拉奇的影响很深，他明白了即便是请求也可以不卑不亢，明白了给予本身也是一件让人愉悦的事。

当一个人能够克服心底的卑怯和恐惧主动开口，他就有了50%成功的概率。

2. 一个人可以只靠自己成功吗？ No Way！

陈瑜在《30岁之前别结婚》里提到了这样一个有趣的观察结果：

中国的尖子生们进入全球化企业，工作得非常努力，却常常止步在很初级的职位，从“书虫”到“工蜂”之后，就再也无法继续蜕变。

成功的人越来越成功，富有的人越来越富有，而富人拥有的最大的力量，正是他们的社交圈。

在前段时间热播的青春剧《欢乐颂》中，海归高管安迪，富二代曲筱绡，以及安迪的男友家族企业继承人包奕凡之间，交换的不仅仅是友谊，还有商机和经验，而拥有一个小工厂的王柏川也因为顺利地搭上了这条线，才得到推开那扇门的机会，得到更多的生意。

这并不是在说默默咬牙拼命就是无效的，想要接近高一个层次的圈子，提升自己是必经之路。

但人生是分段函数，任何一种努力方式都是有极限的，到了那个极限之后，边际收益就会不断减少，必须要用新的模式去做新的练习。

这意味着一个并不太容易的转型：你需要从单打独斗，学会如何借力和给予。

3. 买了那么多沟通学的书，为什么还学不会说话？

有次跟一个女孩儿聊天，她说起自己的纠结：

有时候非常讨厌内向寡言的自己，但是被评价“擅长社交”“会来事儿”时也不会很开心，感觉好像是在说自己拍马屁和不务正业。

这两种声音在心底不断交战，以至于每每在关键时刻，自己明知道应该怎么做，却一句话也说不出口。

不善于交际的人，真的是缺乏交际的技巧吗？

或许对其中一部分人来说确实如此，但对另一些人，却是因为他们打心眼儿里反感被贴上“会说话”“善交际”的标签。

这也就是为何在很多时候，有关“交际能力”的问题并不能通过学习如何说话、如何称赞别人等干货来解决。

在提高交际能力上，我们最大的障碍其实是“交际价值观”的问题。

真正让你更好地理解社交的东西，其实与厚黑学、成功学无关，而是你如何看待朋友，如何看待自己，以及自己与这个世界建立联系的方式。

承认自己是带着目的去社交的，这并不可耻，相反，它会让我们更清楚要付出什么样的精力才能保持关系的稳定，要给予对方何种帮助和资源才能维持交往的平衡。

任何一段关系都是需要经营的，光走心还不够，有时候也需要走走脑子才行。

你对待合作的态度，决定你人生的高度

跟相熟的一个小学妹约饭，讲起工作的事，她委屈得差点哭出来。

她接手了一个重要的项目，连续一个月每天晚上加班到九点，从设计、策划到跟客户沟通，就连做个 H5 宣传页都是她自己临时报班去学才搞定的。可老板非但不领情，还当众指责她进度慢，一个多月的心血泡了汤不说，项目也被另一位同事接了手。

她气到吐血，又不敢跟老板发火，跑来跟我吐槽：

“对，我承认我做得慢，可那么多东西要从头开始，我哪一项不是亲力亲为？换了人之后那女孩儿倒好，每天啥也不干到处闲聊，很

多东西都是别人帮她做的，她得意什么？”

“那她能找帮手，你怎么不找？”我问。

她说：“可我不想让老板觉得我什么不会，什么都得靠别人啊。”

“但是从老板的角度，按时完成进度才是最重要的，不是吗？”我又问。

她沉默了一会儿，叹口气说：“可我真的已经很努力了。”

想起这样一个小故事：

一个小孩儿在搬一块大石头，父亲在旁边鼓励：“孩子，只要你全力以赴，就一定能把它搬起来！”

可是石头还是太重了，小孩儿试了很多种方法都没有成功，他说：“我已经尽全力了！”

而那位父亲回答：“你没有拼尽全力，因为我就在你旁边，而你都没请求我的帮助。”

我太理解小学妹那种“宁愿自己熬死，也不愿求助别人”的别扭心态了。

我刚工作的时候，连一个 Excel 公式都要自己去翻好半天书，即便公司里最会用 Excel 的高手离我只有三步之隔。那时候时间不值钱，即便每天加班到很晚，也会沾沾自喜地觉得自己收获了很多。

带我的师父老梁对我这个习惯嗤之以鼻，讽刺我：“将来如果你家灯泡坏了，你难道还要先学习一遍大学物理再自己动手？”

“那不一样，我这叫独立，叫自食其力。”我不服气。

“有什么不一样？不会借力的勤奋，只是浪费时间而已。”

我真正明白他这句话，却是在自己独立带了项目之后。

跟客户确认，给老板做 Plan ABC，跟策划沟通，追着设计出图，时不时还得去第三方供应商那里盯进度，就算每周七天，天天二十四小时无休，也无法赶上项目的进度。不得不厚着脸皮跑去向多个部门的人求助。

也是在那个时候我才发现，我折腾了好几个小时的 PPT 不如策划部姐姐随手设计的一个模板，而我自认为很严谨的数据分析，市场部的总监在自己的资料库里一查就找出了问题。

所谓“术业有专攻”，每个人的专长都是通过多年的积累和反复的练习获得的，并不是我临时抱佛脚，仅仅凭着一腔“我能学”的热血就能快速追平的。

当我忐忑地交代最终的方案是多个部门协调之后的成果时，并没有像想象中的那样被斥责，老板反而很惊喜：“没看出来，你入职不久，调配资源的能力还不错。”

“你不会觉得我很无能吧？什么都要找别人。”

“怎么会？”他哈哈大笑，“公司有那么多专业人才，就是来做那些专业内容的，那帮人就在那儿坐着，能用得了他们，也是你的本事。”

我不希望你做个各方面都“差不多”的人，把最拿手的一点做到最好，就足够了。

生活中有很多事，不是不能做，而是不必做。

杰克·特劳特在《人生定位》中的评价一针见血：

有些人永远长不大，他们力争获得独立的成功，来证明自己的聪明和能干，用“我能自己做”来抚平自己内心的不安，仿佛对他人的依靠越少，就越能证明自己是真正成功的人。

成功，是别人为你做了什么，而不是你做了什么。

遗憾的是，很多人在实践这一点的时候常常陷入两个极端。

要么凡事亲力亲为，累死也不愿意求助；要么随随便便就向别人开口，但从不回报他人的善意和援手，甚至过河拆桥。

有位读者给我讲了这样一件事。

她跟宿舍的一个女孩儿一起做毕业设计，为了提高效率，两人约好分头查资料，然后每晚碰头汇总。可几天下来，几乎每次都是她一个人在说，等到那个女孩儿运笔如飞地记完，轮到自己的时候却总是以各种借口推脱。

她来跟我吐槽，说：“既然她不愿意跟我分享，那我查到的资料也不给她。我正在重新找一起做毕业设计的搭档，就算是从头开始我也认了。”

我逗她：“你可以给这位舍友讲讲博弈论。”

她们的相处模式，像极了博弈论中那个著名的囚徒困境实验：

假设你和你的同伙都已被警方囚禁起来，而且正面临一项重罪控诉。检方对你们俩分头进行审讯，对于你们来讲，每个人都有两种选择：背叛对方，或者保持沉默。

这个看起来很简单的规则，会因为两个人选择的碰撞而产生四种结果：

1. 两人都沉默：各判 2 年

2. 你沉默，他背叛：你判 4 年，他判 1 年

3. 他沉默，你背叛：他判 4 年，你判 1 年

4. 两人互相背叛：各判 3 年

对于你来说，最有利的选择是 3，对于他来讲，是正好相反的 2。

如果你们之中有任何一方不幸短视，就会直奔最有利自己的结果而去，就像这位读者的舍友，不付出，只收获。

在这种情况下被忽略的一点是：人际关系是连续的互动博弈。你的同伙也不是傻子，即便第一回合你占得了便宜，他也会在第二回合选择不合作，而最后的结果是你们互相揭发，两人都面临次坏的结果，即 3 年的刑期。

想要得到最好的结果，其实也很简单，遏制住自己的那点自私，

老老实实地选择合作。

你若不幸遇到“想背叛”的队友，不妨把这个实验讲给他听，告诉他：你怎么做，我就怎么做，共同受益或是两败俱伤，由你选择。

很喜欢吴伯凡老师的那句话：

只懂独立的人，跟只懂依赖的人一样，都是心智不成熟的表现。

最好的关系是 Inter-dependent，我需要你，但不依赖你，我们在保持各自独立的前提下选择合作。

要有实力，也要会合作。

太厉害的人，会活得没朋友吗

一个小姑娘加我微信聊天，开口便是一通夸捧，假装不经意地问我：

“姐姐我觉得你很厉害，你看你都写了四本书了，生活一定挺孤单的吧，你是不是也没朋友啊？”

我瞟见那句话里被小心翼翼地藏着的“也”，假装反问她：“那你觉得我应该没朋友吗？”

“当然了。”她秒回，“我还在学校里这种感觉都特别明显，更别说你在职场了，职场险恶，你肯定更不好混吧？”

一半是为了倾诉，一半是为了安慰我，她给我讲了自己的事。

她是个标准的学霸女孩儿，上到大三还是每天教室图书馆两点一线，成绩一路领先，各类证书拿到手软。

她跟舍友的关系不错，但也仅止于出门打个招呼进门问声好这样礼貌的客套，至于那种更深一层的亲密感，好像从来都与她无关。

她们扎堆看韩剧嘻嘻哈哈，她们去购物街上淘衣服，她们为逃课去听演唱会密谋到深夜，她们在一起有说不完的话，可唯独对着她，问完“吃了吗”气氛就会陷入微妙的尴尬。

就像漂浮在水面的一滴油，远远看上去油和水不分彼此，可唯有当事人才能感觉到自己有多格格不入。

当然，也不是没有例外的时候，每次大考小考都是她最受欢迎的时刻，一会儿A求借笔记，一会儿B缠着她讲题，一会儿C可怜巴巴地恳求：考试的时候能帮忙露个选择题答案吗？让我及格就行。

那短短的几天，是她人际关系的高光时刻，她们每个人都像是围绕她这个灯塔飞舞的蛾，可一旦考试结束，灯塔也就成了燃尽的蜡烛，她们又不动声色地回归礼貌的疏离，留给她的，只有一句“谢谢你啊”。

可谁需要谢谢啊，她只想要友谊。

是那种看到有趣的节目会随口分享给你的热络；

是那种会主动去挽你的胳膊一起打水的亲密；

是那种把你当成自己人，会和你分享很多小心事的互动，而不仅仅是遇到解不了的题，才把她当作一台升级版的步步高点读机。

她为这件事偷偷哭了好几次，几次发狠想着“下一次再也不帮她们了”，可当下一次来临的时候，她还是不忍心。

毕竟，那也不是她们的错啊。

最初的时候，她们也是邀请过她的。可她总是要看书，总是在做题，总是没空，她们习以为常，才逐渐不再邀约。

“可……还是觉得很难过，她们之所以还把我当朋友，不就是为了考试之前要我帮忙吗？这就是我在她们眼中唯一的价值吗？”她问，“我只不过想要变得更厉害一点啊，就活该没朋友吗？”

我很能理解她的这种感觉，虽然我是隐姓埋名地写作，身边的同事和朋友大多对此毫不知情，牵扯不上什么羡慕嫉妒恨，可在很多时刻，我还是能感觉到时间这道“二选一难题”的残酷。

每天的时间就只有那么多，逛了街就看不了书，聊了天就没时间写文章，别人喝着咖啡嘻嘻哈哈地聊八卦，我坐在一边大脑抛锚反复想着编辑给的修改意见。

周末的聚会能推则推，下午茶时间的闲聊能躲则躲，虽然与高傲无关，但看在别人眼里，总归是有些“生人勿近”的冷漠与疏远。

然后就……与他人自然地渐行渐远了，除了偶尔会找我帮忙：

能帮我看下这个怎么做吗？

能帮我翻译一下这封邮件吗？

好像，的确也没有什么太私密的交情。

所以我特别理解她的难过。

不是不被喜欢，只是当喜欢跟有用挂了钩，多多少少都会有些遗憾。

也很羡慕那些被夸“性格好”“真有趣”的女孩子呀。

仿佛她们是因为可爱而被爱，而我却单单只是因为有用，才有了利用价值。

可仔细想想，“有用”真的是一件那么糟糕的事情吗？

虽然听起来好像很功利，但那对于你来讲，不也正是你苦苦追寻的自我价值吗？在有用和被用中，她们得到了自己想要的东西，你也收获了付出的满足，又不必搭进去额外的精力，不也是两全其美吗？

退一万步说，那些可爱的女孩子不也是因为她们可爱，能逗人开心，才得到爱的吗？

只有不够成熟的人才会追求无条件、无理由的爱，长大之后的我们都知道，哪怕是偏爱，也都是有原因的。

而有用，不过是其中的一种，与有趣，与可爱，并没有高下之分。

大大方方地厉害起来吧。

人之所以会斤斤计较，其实往往是因为自己拥有的东西还不够多，当你真的成为一个很厉害的人时，你大概就不会在乎那喜欢到底是不是利用伪装的示好了吧。

我很喜欢李松蔚老师写的那段话：

我们经常陷入的一个迷思是，把对人有用这件事看得太重，约等于“我是谁”。

把“有用”看得太复杂，太生死攸关了，就变成时刻追求自己对别人有用，最好是时时刻刻都有用。被用的时候感觉良好，派不上用场就一无是处。就难免疑惑：“我这么厉害，为什么他们不亲近？要怎么向他们证明自己？”

太在意别人眼中的真实，你是在为自己的主观感受而战。你是谁是你的事。别人从你身上看到什么，是别人的事。

你在别人眼中有多亲近，可能就取决于你有多接受这一层现实。

真是羡慕那些不怕被拒绝的人啊

朋友来西安玩儿，我陪她去著名的回民巷。那是一条长长的小吃街，她第一次来西北的城市，看见每个小摊都挪不开眼。

回民街上大多零食小店都提供试吃，她来者不拒，笑盈盈地逐一吃过去。有的店里没有摆试吃品，她还会大大方方地要求老板：这个能给我尝一点吗？

她吃得无比开心，我却陪得提心吊胆，恨不得把她一双手一张嘴封印起来，劝了她好几次：

“人家不放就是没有，你怎么能问人家要东西，万一别人不给呢？”

“不给就不给呗，不给我就去下一家。”她若无其事地笑笑，毫不在意的样子。

“你……就一点都不觉得丢人？”我问。

她一耸肩：“这有什么好丢人的？人家就算不肯给，也不单单是针对我。”

“可你也被拒绝了啊。”我不死心地追问。

“那又怎么样呢？我就问一下也没什么损失嘛，他们又不会来打我。”她大咧咧地笑着，背着那只明黄色的小挎包在人群里快乐地来回穿梭。

我硬着头皮跟上，一边自作多情地替她尴尬，一边却非常羡慕她的洒脱。

她一定不像我，总是如临大敌般警惕着所有的来者不善。明明道理都懂，却还是忍不住多想。

对于竞争激烈的商铺来讲，比起顾客带来的流量，一小块柿饼，一粒枣，一颗糖，一口汤压根算不上什么，可只要人家的神色有一丝不悦，我脑子里就会蹦出一长串负面的联想：

他是不是嫌弃我只吃不买了？他是不是觉得我故意占他便宜？万一他骂我怎么办？我要还击吗？我该怎么还击呢？

当人家露出为难的神色跟我说“对不起啊，我们这个不提供试吃”的时候，我更是恨不得找个地缝钻进去，觉得自己就是那个给别人找麻烦添堵的坏蛋。

可她却不是的，她能坦然地跟店铺老板讨论小吃的味道，从容地开口讨要，被拒绝也毫不在意。

她从不曾以恶意的角度来揣度他人，哪怕偶尔有人的态度不好，她也觉得没什么。

心理学上有这样一个理论：

别人之所以能往你心里挂东西，那是因为你先有了钩。

越是怕恶意，就越是过度放大恶意，越是想被认可，就越是在意反对的声音。

而她不是的，她的心里是平整的一片。

也正是因为不在意，才从不会被伤害。

中学的时候，我喜欢班里的一个男孩儿。

暗恋了大半个学期时被当时的闺密察觉，她兴致勃勃地怂恿我表白。

我以绝交来威胁她帮我保守秘密，理由也挺老生常谈的：他要是不知道，我们就还能做朋友，万一他不答应，就连朋友也没得做了。

还有没说出口那更重要的一层原因：

大家同在一个班，低头不见抬头见，如果他拒绝了我，我今后要怎么面对他？我又要如何面对我自己呢？一个不自量力的失败者吗？

我至今仍记得那忐忑背后隐秘的羞耻感，为了躲开它，我眼睁睁地看着自己离想要的东西越来越远。

后来的故事很狗血，等我们都大学毕业，他在同学聚会上半开玩笑半认真地说：

“其实我当年真的挺喜欢你的，但你总是冷冰冰的，你说你对别人都好，为什么一看到我就露出那种脸色？你到底是有多讨厌我？”

我也只能笑笑：“谁让你总是不交作业，每次都害我被老师说。”

嘴硬归嘴硬，心里却已经难过得快哭出来了。

他才不懂呢，那根本不是讨厌，那是怕。

因为太怕被拒绝，所以提前拒绝了自己。

新世相的张伟曾经写过这样一句话：

因为害怕而拒绝世界是最痛苦的一种，它让人一边后悔一边害怕，这种痛苦更长久，更具有破坏性，你被动地被它钳制住，只要你不去触碰它，它就永远存在。

我推荐过很多次的美剧 *This is us* 中有这样的一个情节。

天生有一把好嗓子的 Kate 在未婚夫的鼓励下决定去参加一场歌唱比赛，可走到半路自卑心理忽然发作。她打起了退堂鼓，跑到自助餐厅里大吃了一顿，吃完才觉得不甘心，又掉头回去比赛现场。

比赛已经结束了，但在 Kate 的恳求下，主办方还是同意给她一个清唱的机会，她刚唱了两句，评委就不耐烦地冲她挥了挥手：“你可以走了。”

她不服，冲主办方嚷嚷：“你们这是歧视，你们不能因为我长成这个样子（她的体重严重超标）就看不起我，你们这样是不对的。”

很励志吧？可下一秒就被打了脸。

“你以为我让你下去是因为身材？”评委招了招手，一个身材纤细的漂亮女孩儿走上台，同一首歌，同样没准备，同样是清唱，无论是嗓音还是技巧都完胜 Kate，开口就秒杀全场。

她还是输了啊。

可这一次，她是输给了别人的实力，而不是输给自己的心魔。

如果她偷偷退赛，如果她没说出那一句质问，她大概永远都会像从前那样，将自己的失败归咎于肥胖，一边自惭形秽一边裹足不前。

多庆幸她迈出了那一步。

所有的得不到都是痛苦的，唯一的区别只在于痛苦的具体程度，痛苦越具体，你就越清醒，你会明确地知道自己失去了什么，为什么失去，只有这样的痛苦才能让人成长，让你获得抵御痛苦的力量。

每个人都会怕。

怕被拒绝，怕会失败，怕藏在失败背后的尴尬和羞耻。

没有人能保证你这次就一定会赢。

但哪怕赢不了，能输得清醒一点，才不枉费痛苦这一回。

总为人际关系纠结？
你可能需要这种能力

你或许也曾经为类似的问题烦恼：

我把 A 当作最好的朋友，她却最喜欢 B，还要不要继续跟她交好？

男朋友对我不错，但总是不太上进，还要不要交往下去？

老板为人严苛，在他手下工作虽然成长很快但压力很大，要不要跳槽？

既没有非常满意，又没有完全失望，类似的纠结与其说是来自问题本身，不如说是来自现实与我们的期望之间的落差。当有人辜负我们的期望时，失落便油然而生，甚至会演变成对他人的厌恶以及自我怀疑。

期望作为一个主观因素，在关系中的作用却常常会大于客观事实，今天我们就来聊聊有关期望值管理的问题。

什么是期望值？

期望值指的是一个人对自己、对他人，甚至是对世界的预期。自己是否应该考满分，朋友之间应该如何相处，别人应该如何对待你，这世界是真善美还是丑恶脏。

一个人持有的预期可能来自家庭，比如你小的时候父母总是把你照顾得无微不至，你对亲密关系可能就会抱有一种“爱我就要照顾我”的依恋，或者你的父母总说你没出息，你对自我价值的预期就很可能会比旁人稍低。

预期也可能来自后天的经历，一个女孩儿连续三次遇人不淑，就会认为全世界的男人都不值得相信；一个人若连续几次都考满分，他自然就会期待在下一次考试中取得好成绩。

预期的形成是一个漫长而隐秘的过程，因此，有时我们并不能明确地感受到它的存在。

但很多人没有意识到的是，有时候自己深陷于纠结和痛苦之中，其实正是因为他们对自己、对他人乃至对世界的期望与现实是失衡的，所以才会一直感到失望或吃力。

有个读者曾经给我留言，讲起友情三人行的故事。

她把舍友A当作最好的朋友，甚至到了掏心掏肺的地步，可A心目中最好的朋友却是另一个女孩儿B。无论是吃饭还是出去玩儿，都是她拉着A，A拉着B。

A对她也很好，三个人一起出行时也从未冷落过她，可她总是觉得莫名的委屈，甚至想到要放弃这段友谊。

她对友谊的期望是排他性的，像是拼图，只有唯一的一块可以相配。但现实中的友谊往往更像是积木，跟不同的人，就能组成不同的造型。

这样独占性的期望遇到开放性的现实，自然会让人反复地陷入失望。

可这不是关系本身的错，即便她放弃这一段关系，也很难如自己所愿遇到那种“眼里只有你”的友谊。

她需要做的不是打压B或是讨好A，而是去调整自己对友谊的预期。

我们不必要成为彼此唯一的朋友，而这也不会影响我们之间的感情。

管理你的期望值。

一个女孩儿跟我吐槽男朋友，她举出如下例子证明他不爱她：

她出差回来，他打电话问她要不要去接，她贤惠地假装客气“你这几天加班也辛苦了，我自己回去就行”，男朋友便从善如流，下班果然直接回了家；

她过敏长痘，整个脸又红又肿，幽怨地问他“你有没有觉得我这样很丑”，男朋友头也不抬地回答“我爱你又不是因为外貌”；

情人节办公室里其他同事都收了花，她也想要，百般暗示之后男朋友却依然没有意会，她满腔愤懑借故发火，而他大呼委屈，说出一句“你明明说过你不喜欢花”。

她说：“他要是爱我，就应该懂得我的想法，哪怕是我没说出口，或者故意说了反话。”

我咋舌：“哪有那样的男朋友？那是你肚子里的蛔虫。”

她一脸幽怨：“可我前男友就能啊，为什么都是男人，他就这么不懂我？”

我理解她的失望，可是总把个例当作必然，失落与痛苦就会在所难免。

每个人在成长的过程中，都一定会有被满足的时刻，但那并不代表着永恒，也不能成为正确的标准，只是在那一瞬间，你足够幸运。

你需要学会对自己的预期进行初步的判断：

我是如何表达自己的期望的？是暗示还是直接说明？

我的期望让我更幸福了，还是让我更加烦恼？

有什么客观标准可以衡量我的期望？

为了满足这样的期望，我自己需要付出哪些努力？

当期望不被满足时，关系还能不能继续？

正如这世界上没有完美的人一样，也从来不曾存在完美的关系。万幸的是，我们对关系的预期往往是多面的，因此也就有了取舍的余地。

比如你可能既希望能在工作中快速成长，又希望老板能够和颜悦色，不要给你太大压力。

但这两种情况很少能够同时存在，因此你必须做出判断，对你而言，是成长更重要，还是心情更重要。

而这个问题的答案则因人而异，对于有的人来讲，情绪上的损耗是无法用成就感来弥补的，但对于另外一些人来讲，只要能不断提高自己的能力，情绪上的别扭都是小 case。

你需要学会给自己的预期排序，每个人在每一段关系中都需要做出一定的让步，而你需要弄清楚自己可以让步的地方在哪里。

如果你也正在被关系困扰着，不要让自己的思维陷入凑合还是放弃二选其一的境地，停下来想一想，你对那些让人烦恼的事情都抱有哪些预期，那些预期是否合理，你愿意在哪里让步或者妥协。

一个人除了向左和向右，还可以向前。

坚守底线的同时，请去尝试更多的可能。

别让对优秀的执念，毁了你的社交圈

如果说有什么“灵药”能解决人生活中的一切问题，它的名字一定叫“成为更优秀的自己”。

无论是热传的鸡汤帖还是干货文，都在不厌其烦地告诉我们同一个道理。

如何得到更高质量的爱情？你变优秀。

如何加入比自己高一个层次的圈子？使自己优秀。

如何突破职场的瓶颈？你得非常优秀。

而“如何成为一个优秀的人”则成为了我们最大的焦虑之一，我们学习化妆，积极健身，坚持阅读，对参加各种付费课程趋之若鹜，尽最大的努力缓解自己不够优秀的焦虑。

可是你所追求的优秀，真的有让生活变得更美好吗？有时并不见得。

想起这个话题，是因为一个小姑娘。她刚从一场周末英语沙龙回来，丧得连吃晚饭都没了兴致，在微信上跟我倒苦水：

“以后我再也不去这种场合了，明明这么菜还去班门弄斧，我宁可在家背整本‘红宝书’。”

我以为她受了天大的委屈，一问之下，原来只是因为她在台上紧张兮兮地念着精心准备的演讲稿，下面却有好几个人在低头玩手机。

她正郁闷之时，一个女孩儿推门进来吸引了所有人的注意力，那个女孩儿是沙龙的创始人之一，刚从英国留学回来，一开口那标准的伦敦腔，成了压垮她的最后一根稻草。

她感到又嫉妒、又窘迫、又失落，对自己无比失望，以至于连招呼都没打就借着上厕所的机会偷偷溜了回去。

她跟我抱怨：“本以为陌生人之间就没那么势利，结果还是一样，层次不同不能强融，与其出去受气，还不如我在家自己背单词呢。”

我问：“为什么别人可以诚心诚意地欢迎大神归来，而你不行？向更好的人学习难道不是变优秀最快的途径吗？”

她说：“道理是这样，可是被碾压的感觉真的糟透了，我决定以后每天都自己练习，等我也成了大神，看他们谁还小瞧我。”

我又问 :“所以你所追求的优秀，就是风光和面子？被仰望，被追捧？”

“不全是吧。”她说，“也想被看见，被喜欢，想跟别人平等地交往。”

可从头到尾，那个更优秀的人并没有鄙视过你啊。

看不起你的，只是你自己而已。

阻碍你靠近的并不是你不够优秀的事实，而是你的清高、敏感和死要面子。

我们对“优秀”总有这样一种奇怪的认知，仿佛只要能得到优秀二字的加持，立刻就能自带一层护体光圈，变得人见人爱、花见花开，一切关系中的难题都会迎刃而解。

常常听到这样的话 :

男神不喜欢我，可能是我还不够好吧。

我要变得更优秀一点，才有资格跟大神做朋友。

发现了吗？

每当我们谈起优秀，总是会把它当成一项个人技能，可你永远无法通过单方面技能的提升，来解决两个人，甚至多个人之间的关系问题。

通往优秀的道路有两条，一条越走越宽，在开阔眼界的同时变得更加宽容，同理心更强，更能够体察关系中对方的意愿和需求。

另一条却是越走越窄，埋首“高精尖”的螺蛳壳里不肯抬头，专业知识越精进，个人能力越强，能理解的人就越少，就会变得越来越偏狭，也越来越难以适应他人。

Made to Stick 中提到了一个很有趣的概念，叫作“知识的诅咒”。

简单来讲，就是当你一旦学会了一样东西或掌握了一样信息，你就很难想象这件事在未知者眼中的样子，导致你被自己的所知所能绑架。

个人知识不断精进，社交能力却在不断退化，只能凭借着自己的优秀要求别人妥协，却早已失去了维护关系的能力。

因为我优秀，所以你得爱我。

因为我优秀，所以周围的所有人都要迎合。

一路在自我精进的途中高歌猛进，却忘却了一个事实：新欢也好，旧友也罢，打开心门的第一步并不是“你有多好”，而是“你让别人觉得有多舒服”。

我们会因为一个人的优秀而赞叹羡慕，却总是因为两人之间的相处令人感到舒适才心生欢喜。

这并不是说个人能力上的优秀就无足轻重，但那绝不是全部。

正确的途径应该是：因为让人感到舒适而得到建立关系的机会，然后再依靠自己的不断提升，来维持和推进关系的发展。

这本是两个循环互补的过程，却因为我们自己脸皮薄、爱面子，演化出了“层次不同，不需强融”的空洞口号。

我的一个高中同学是个十足的文艺青年，毕业后工作了两年就辞职回家，一心死磕长篇小说。他有才华，也很勤奋，才写了不到三十万字，就已经接到了两三家出版社的邀约。

但他的才华也成了他致命的弱点，对于出版社提出的修改意见，他不是嗤之以鼻，就是怒发冲冠，声称自己的稿子一个字也不能改，跟好几位编辑都谈得不欢而散。

我们苦口婆心地劝过几次，他却不以为意：“现在谈不成不要紧，等我成名家了，他们还不是得回来跪舔我？这些人，本来就攀高踩低。”

可是几年过去，他的写作水平并没有提高多少，没有来自市场的反馈，没有良师益友的建议，同学聚会时却还是那副潦倒又清高的模样，死咬着“等我成名”的执念不肯让步。

我跟几个好友感慨起他的际遇，其中一位朋友的评价让我记忆犹新：

人生在世，一开始比的是聪明，后来比的却是适应力。

一个人的思想有多开放，能不能接受新知，能不能从不同的意见里获益，才是决定他最终能走到多远的东西。

聪明是一种天赋，适应力却是一种社会能力，它需要现实的洗礼和磨炼，而不是螺蛳壳里做道场般的狭僻与自闭。

没有适应力的聪明和才华，一文不值。

而这或许才是“优秀”最重要的内涵：

你是谁很重要，但更重要的，是你如何理解世界，如何看待关系。

别总因为自己“不够优秀”而固步自封。

你还有靠近的欲望，还有求知的赤诚，还有改变自己的能力和勇气。

那亦是无比宝贵的财富。

以人为镜，才能看清自己。

最厉害的破局，是解决情理

地铁上听到一对小情侣吵架，吵架的内容特别有意思。

女孩儿历数一遍办公室的谁收到了花，谁收到了口红和新大衣，半是抱怨半是娇嗔："你看你，从来都不主动给我买礼物。"

男孩儿立刻表现出极强的求生欲："你想要什么？我明天就去买。"

女孩儿"喊"了一声："你一点也不关心我，每次都是这样，一定要等我要你才买，真没诚意。"

"你要什么我送什么，这才叫实用。"男孩儿一梗脖子，摆出个很无奈的表情，"再说了，这几年我东西也没少送，上个月不是才花了大半个月的工资给你买了大衣，你还想让我怎么样？别一天净想些有的没的，不是白给自己添堵吗？累不累？”

我眼看着女孩儿的眼神从温柔点点变成寒光厉厉，本想继续八卦下去，却发现自己已经坐过了站，只好一边依依不舍地撤退，一边默默祝福那位耿直的壮士。

该是免不了大吵一架吧，两个人谁也说服不了谁。

一个死磕事实，一个计较情绪。

我记得刚工作的时候，有次跟一位前辈出差跑项目。

跟我们对接的也是个挺年轻的女孩儿，大概是刚被老板骂过心情不好，在碰头会上把一腔邪火全都倒了给我们，处处拿捏挑刺儿。

我那时也年轻气盛，平白看了一通脸色又生气又委屈，刚出大门就跟前辈叨叨：“明明就是她不占理，为什么还要顺着她，不怼回去？”

“没看那姑娘今儿心情不好吗？”前辈头也不抬，“让一步就让一步，又不是什么大事。”

“这也太不专业了吧，把个人的情绪带到工作上，还胡搅蛮缠无事生非，太过分了吧。”

“对啊，但跟你打交道的就是这么个不专业的人。”前辈回了我一个高深莫测的微笑，“你难道也能不管不顾，陪她一起不专业下去？”

有时候你以为你需要解决的是眼前的事情，但其实你真正的难题，是事实背后的情理。

罗振宇在前几天的语音中聊到社会化，他说：

社会化就是把人的认知基础从事实，切换到情理。

你要处理的事实不是本来的事实，而是人心中的、情理中的事实，这就是社会化带来的人生挑战。

她把情绪带入工作的确有错，我们大可以报以黑脸，还以气势汹汹和寸步不让，甚至还可以直接捅到对方的老板那里给她施加压力。

只关注事实，或许也能解决眼前的问题，却会不可逆转地伤害彼此的关系。

美国的谈判专家道格拉斯·斯通在《高难度谈话》中，将每一段陷入瓶颈的对话都拆分成了三个层次：

第一层，是事实。

我有没有给你送礼物，你当时到底是怎样说的，是你的错还是我的错。

第二层，是情绪。

受伤，遗憾，愤怒，你抱起手臂的防御姿态，你眉间眼底的不耐烦。

第三层，是自我认知。

你让我觉得我是个很糟糕的人，所有的冲突都成了自我攻击。

举个例子，你跟领导提加薪升职被拒绝了，你的第一感觉一定是“不公平”，你会历数自己的功劳和辛苦，讲道理列数据来跟对方争执。

然后你会觉得“委屈”，因为自己的业绩没有被看到，从而生出愤恨和悲伤交织的复杂情绪。

最后你会觉得“人间不值得”，好像领导否定的并不是你这一年的努力，而是你这个人。你以为自己能干、强大又优秀，对自己的美好期望，因老板的一句拒绝“哗啦”一声碎了一地。

这就是为什么聪明的领导并不会在事实这一层面上跟你死磕，比较谁做得多谁做得少，谁是对的谁是错的。

他只要在拒绝你的时候补上一句无关痛痒的解释：

“你今年的成绩我都看在眼里，这次加薪 / 升职的名额没给你我也特别过意不去，我肯定帮你多留意，下次一有机会就帮你争取。”

从信息层面来看，这是一句说了跟没说一样的话。

但收效却往往惊人。

它不能改变任何事实，却能改善你的情绪，阻止你的自我攻击。

我上基础心理学课的时候，听老师讲过他曾经接触过的一个真实案例。

一个男生来找她做心理咨询，985 高校，年级前十名的成绩，各种学术竞赛拿奖拿到手软，还被学校选中参加为期一年的公费交换生项目。

可即便在外人的眼里如何优秀，他自己却十分的不自信，身上的每一个缺点都会被自己无限放大，就连偶尔早晨赖个床，也要自责好几天。

他来做心理咨询时带着一只录音笔，回去后每一句话都会掰开揉碎反复听好几遍，每一个建议他都会立刻去尝试，但也正是这种认真，给了他更多的压力。

跟他说“放松点”，他会因为无法放松而更加着急，跟他说“不要太在意自己的缺点”，他又会因为控制不了自己的思绪而更加恐惧。

真的很让人束手无策。我老师没招儿了，他又一次跑来，刚说了两句，我老师就点头说道：“我知道，你自卑，你焦虑，你没办法。”

“其实我也没办法……”他还没来得及说出这句话，男生的眼睛却亮了。

“其实我也不是完全没办法……”像打开的水龙头似的，男生开始滔滔不绝地讲述自己的尝试和进步。

在之前的咨询中，他总是像个努力证明自己有病的病人，当老师安慰他说“你已经够好了”的时候，他的回答永远是“不，我觉得自己很糟糕”。

可当老师接受了他的自卑和焦虑，承认了他的糟糕之后，反而开始想要证明“其实我也还没那么差劲”了。

其实破局也没你想中的那么难，有时候你需要的，只是接住对方的情绪。

事实只有一个，是单一维度的叙述，情绪却由人心左右，是多个维度的叠加。

而一个人成熟的标志之一，就是理解了真正的解决之道并不是单一维度的横冲直撞，而是在多维度上建立新的秩序。

没能活成千军万马，真是抱歉啊

人际交往本来就会伴随着一定的损耗与牺牲，而问题并不在于让步或者不让步，而是让步的频率和幅度。

没能活成千军万马，真是抱歉啊

一个刚入职半年的姑娘跟我聊天，痛斥公司欺生压小的作风。

细问之下，原来是有天公司临时出了任务，大家一起加班。到了晚饭时间，她作为部门里最新最小的员工，被老板指派帮大家买饭。十几个人众口难调，而她光是跑到每个人面前问人家吃什么，就花掉了一个多小时的时间。

她不满意老板的安排，脸色自然也就不那么好看，又因为脸色不善被老板好一通指责，委屈地找我诉苦：

“他们工作我也没在玩儿，就因为我是新人，人家做一个小时的工作我得做两个小时，比他们走得还晚，他们要吃什么自己不能买吗？叫个外卖能用几分钟啊，凭什么使唤我打杂。”

我回复她：“作为新人，你的工作效率比别人低，让效率最低的人去干点杂事这很正常。只是偶尔去买一次的话也没什么吧，还能趁机跟大家拉拢一下感情。”

“我才不稀罕他们喜欢我。”她回了我一个绝望的表情，“真的不想讨好别人了，没意思。”

这句话一点也不陌生，“不讨好”似乎已经成为了一个人有思想有性格的官方标签。

我也很忙啊，凭什么让我帮你？

你想去商场A，我想去超市B，凭什么我就得迁就你？

凭什么人家开心我就得赔笑？我就是心情不好不行吗？

至于结果？才不怕的。

大不了换个工作呗，大不了不做朋友呗，大不了我就一个人呗。

有句话不是说了吗，我一个人就是千军万马。

我曾经收到过一条让人哭笑不得的留言：

我长相身材一般，也不太会说话总得罪人，但我不想化妆打扮去取悦谁，而且我这人直爽惯了，也不想为了跟人交往委屈自己。我相信我一定能够遇到懂我、接受我的人，如果遇不到，我就把自己活成一支队伍。

爱谁谁吧，我做我自己。

可你自己，又是谁呢？

是那个带着无数出厂 bug 的你吗？

是那个明明知道自己不够好，却还拿个性作借口来逃避修正的你吗？

这样的自己跟自己组队，怕也是会起内讧的吧。

人际交往本来就会伴随着一定的损耗与牺牲，而问题并不在于让步或者不让步，而是让步的频率和幅度。

这个寻找分寸的过程本应用一生去完成，我们却随便搬出一句“不讨好”就想要轻飘飘地将其略过。

你需要清楚地知道自己的底线在那里，明白自己可以让步的和必须坚守的是什么，以及让步和坚守会带来的所有代价。

我们用了很多年，才从唯唯诺诺的世界里觉醒，却往往又因为操之过急，脚跟还没站稳就急忙握住“全世界我谁也不稀罕，谁也不讨好”的清寒小刀。

无论是已知的缺点还是未知的盲点，被挑破的时候都会伴随着难堪的钝痛。而自我调整如此之难，并不仅仅是因为如此，我们甚至还需要很多勇气来承认一个事实：

我所坚持的，可能是错的。

这太痛了，也太难了，因而反衬出“我一个人也挺好”有种可贵的轻松。

我就曾自诩是个喜欢清静的人，对流行歌手的演唱会一向抱有一种逃避式的鄙夷，觉得它喧闹、拥挤又浮躁，每当身边的朋友跟我安利 ××× 的演唱会时，我都会以各种借口推脱。

直到有一次实在逃不过被拉着去听了一场演唱会，看到左手边的女孩儿哭了一整晚，右后方的男孩儿一直声嘶力竭地叫着同一个女孩儿的名字，前面的两个不相识的歌迷感动地相互拥抱。

那一瞬间，我发现自己其实并不讨厌演唱会。

我一直在逃避甚至是鄙夷的，竟然是我从来都不了解的自己。

我们每个人都只了解自己的一小半，而剩下的那一部分，只能通过际遇来发掘。

而这些际遇，是来自我们身边的那些人，那些我们牺牲了一点“我以为”的自我去换来的关系，终究能够帮我们看到更完整的自己。

我的一个朋友前段时间追土创，pick 的是又帅又酷的 Yami，当她看到 Yami 穿着粉红色的小裙子嘟嘴扮可爱，在镜头前跟其他几个女孩儿搂搂抱抱时，心痛得天天都在朋友圈里痛斥节目组：

“凭什么啊，因为其他人都软萌甜，就要让我们 Yami 改变自己去迎合别人。”

可比起她的痛心疾首，Yami 本人倒是显得乐在其中，面对镜头时虽然也说着“这不是我”，但脸上藏不住的，却还是略带羞涩的开心。

她也觉得自己在迎合，在讨好吗？

或许吧。

但那笑容里因为被接纳、被喜欢衍生出的幸福，又何尝不是真的呢?

之前写问答的时候，收到过一个女孩儿的留言，说自己现在的状态特别矛盾。

她刚入学的时候跟舍友关系不好，每天都一个人跑去图书馆看书学习，满心都是“老娘要证明自己给你们看”的斗志和怒气。

可后来，当她跟舍友逐渐解开了误会，关系渐渐亲密起来时，每天虽然变得更加开心，却也变懒了，有时本来想去看书，却也会忍不住应小姐妹们的邀请，窝在宿舍跟她们一起看剧。

好怀念过去的那种一心上进的昂扬斗志啊，却好喜欢现在这个被喜欢、被需要的自己。

听过那么多孤独会成就一个人的话，见过了那么多优秀又孤独的人。

可是被爱过之后，才会觉得优秀并不是唯一重要的东西。

我喜欢新世相里的那段话：

别在最容易恋爱的日子谈你的孤独。

不要再怀揣着你的脆弱躲在安全窝里，不要给自己包上厚厚的壳，通过强调自己的孤独对抗街上正在发生的欢乐。

走出去，看看发生在你身边的温暖、热情和爱。

加入他们，并且找到自己的。

一万句“为你好”，也不如“我在乎”

小夏打来电话的时候，怒火足以烧干半条黄浦江，晚高峰地铁上的喧嚣也没能挡住她中气十足的吼叫：“真是要气死我了，真是好心没好报烧香惹鬼叫，我算是倒了八辈子血霉了。”

她最好的闺密半年前失恋又失业，一蹶不振地在家里宅了好几个月，好不容易找了份文案策划的工作。还没干几天，就以“老板长得像前男友，看见他心里难受”为由任性裸辞，每天继续以泪洗面、浑浑噩噩。

“要是她真有富家小姐混吃等死的命，我也就不说什么了，可是像我们这种外地来的普通姑娘，这个月的吃穿用度全靠上个月的工资，你说我看她这样，我能不着急吗？”

她给小夏打那个电话的时候，小夏正在陪客户吃饭。闺密在电话那头哭得上气不接下气，说房东已经堵了门，这个月再交不上房租就要把她扫地出门。

小夏自己也没钱，厚着脸皮向客户借了两千，火速奔往事发现场把钱塞给房东，好说歹说求人家再宽限一个月。

送房东下了楼，小夏才长出一口气，一上去却发现闺密连地都没扫就又趴在沙发上嘤嘤垂泪，顿时气不打一处来，连环炮似的说了一通：

“不就是个男人吗？有什么了不起的，值得你为他这样？有点志气行不行？

“你哭有什么用啊？你马上就要连吃饭的钱都没有了，别傻了好不好？

“把眼泪擦擦，赶快找一份工作，我帮得了你一时帮不了你一世啊。”

不知是哪一句戳着了闺密的痛处，她忽然一跃而起，冷着脸将小夏往门外推：

“行了行了我知道你看不上我，你赶快走吧，这两千块是我借你的，我又不是不还。”

小夏憋着一肚子气出了大门，两天没理她，今早看到朋友圈里有人转发了一条招聘消息，招聘要求跟闺密的条件吻合度很高，可就在转发给她的时候，却发现自己已经被闺密删除了微信好友。

“你就说我冤不冤？从她失恋以来，我陪她熬了多少夜？她找工作的事情我比她还上心，我是心疼那两千块吗？我心疼的是她把生活弄得一团糟，可是她呢？一言不合就把我给删了，什么人啊！”

“那你有告诉她你说这些是出于关心，而不是想干涉她，甚至是嫌弃她吗？”我问。

她被我问得一愣，说：“这她应该知道啊，我说的话虽然不大好听，但我都是为她好。”

史蒂芬·柯维在《高效能家庭的七个习惯》里写到这样一句话：

我不管你知道多少，除非我知道你有多在乎。

这或许就是太多家庭不和、好友反目的根源所在，我们花了太多的心思去帮对方“指出一条明路”，却往往忘记说一句“因为我在乎”。

认识一个男生，他的父母都是老师，从他上高中起，就已经为他规划好了“稳定安逸”的金光大道：

读财务专业，然后回家乡的国企谋职，又有面子又有铁饭碗，只要毕业就行，其余一概由父母打点妥当。

他反抗过，可拗不过父母一贯的强势。上了大学天高皇帝远，他每天不是在宿舍打游戏就是睡觉，第一学年就补考了三门专业课，磕磕磕碰碰地挨到毕业，却由于学分不够，学校不给发毕业证。

没有毕业证，国企自然是进不去，他在上海创业失败，想找互联网行业的工作，也因为学历不够被拒之门外，几番波折之后索性送起了快递，由于腿脚利索嘴又甜，一个月倒也有七八千的收入。

有一年春节回家，餐桌上喝了点酒，他借着酒劲带着挑衅问道：“我现在干这行，你们是不是挺看不起我的？觉得儿子没能按你们的规划活，给你们丢人了？”

他的父母落了泪：“我们何时求过你荣华富贵、出人头地？按不按我们的规划活有什么关系呢？我们所求的，无非是你能过得好而已。”

他将这件事讲给我们的时候那件事已经过去了很久，可他声音里的哽咽依旧明显。

“要是他们能早点说出这句话就好了。”

我又怎么会走那么多弯路？

那是他没能说出口的潜台词。

芭芭拉·安吉丽斯在《如何在爱中修行》里提到了情感地图的五个层次，它们分别是：

1. 愤怒，责备

2. 受伤，失望

3. 恐惧，不安

4. 自责，责任感

5. 爱，理解与原谅

可我们太多的沟通，都只走到了第二步：

“你为了一个男人这样，你是不是傻？”

“你这样让我太失望了。”

我们理所当然地认为对方能读懂我们没说出口的后三层含义，可太多的误解，也正是由此而生。

同样的劝告，走完五个层次的沟通应该是这样的：

“你为了一个男人一蹶不振，是不负责任的表现，我对你很失望，也很害怕你会一直这样消沉下去，我很想帮助你走出这段时光，因为我真的很重视你，不想失去你这个好朋友。”

只有表达出完整的情绪，才能让对方领会到你真实的意图，有了真实的感受，才能顺畅地沟通下去。

一万句“为你好”，也不如“我在乎”。

为什么你会忍不住羡慕自己最讨厌的人

有次去某银行办事，不巧正赶上某款国债开卖，大厅里挤满了来办业务的大爷大妈，每个窗口前都排着长长的队，每个柜台都忙得手脚不停。

我恨不得转身就走，但无奈汇款单明天就到期，只好耐着性子坐在一边安慰自己：来都来了就排着吧，反正总能轮到。

于是我从下午两点等到快四点，却还有十几个人排在我的前面，可看到每个工作人员都那么忙，再烦躁也只得重新坐下，就在我一本小说都快要看完的时候，进来了一个穿红衣服的女人。

女人跟我搭讪："你等多久啦？"

“两个多小时吧……”

她倒吸一口冷气，露出不可思议的表情，坐了一小会儿就起身去找大堂经理，我有心想听她有何妙计，便假装玩儿手机，留意听着她们的对话。

她把嗓音拔高了十八度，尖声质问：“这队伍好半天都没动了，你们效率也太低了吧，行不行啊。”

大堂经理给出官方的解释：“不好意思，今天的业务量真的太大了，我们已经尽量加速了，真是不好意思。”

她胸有成竹地举起手机：“瞎说，你们那两个工作人员刚刚聊了好一会儿天呢，我都录像了，一会儿我就上传到微博上，让所有人都看看你们的工作态度。”

我诧异于她是怎样火眼金睛地在别人连续几个小时的忙碌中捕捉到那个聊天的瞬间，但大堂经理显然因为这段视频慌了神，忙不迭地安抚她，一个窗口前的人刚走，她就顺利地被塞在了最前头。

最终她只用了半个多小时就凯旋了，而我为了一张五分钟就能搞定的汇款单，已经傻等了好几个小时。

她离开的时候还冲我笑了笑，笑容里颇有一些同情和得意的成分。

我恨不得立刻就站起身也如法炮制一番，但最终还是没能鼓起撕开脸皮的勇气，只好丧气地坐下，心里烦躁之余更多了些许难过。

明明不齿她敲诈勒索的小伎俩，却又忍不住羡慕她的速战速决。

还有伴随那羡慕而生的一点隐秘的惭愧：那明明是错的啊，我怎么能羡慕呢？

我的一个女友毕业之后去了一家私企做销售，她很拼，是那种别人一天工作八小时，她工作十六个小时的拼，就连做梦都在想着如何开发新客户。那年她的年终奖足足有一万块，六年前的一万块，已经足够她交整整一年的房租。

她为这一万块开心了好几周，直到公司年会上酒过三巡，大家玩儿起了真心话大冒险，公司的男 BOSS 喷着酒气拍拍大腿，半是玩笑半是认真地说道："谁敢坐上来，我给开一万块钱奖金。"

五个女孩儿有点尴尬地面面相觑，直到有个女孩儿站起身，乖觉地把大衣脱到一边，笑盈盈地往男 BOSS 腿上一坐，右手摊开："奖金呢？"

男 BOSS 揩够了油，心情大好地直接从包里掏出一万块塞在女孩儿怀里，指着剩下的几个女孩儿哈哈大笑："你们几个啊，就是没有人家梅梅聪明。"

她那晚回家哭了整整一路。

原来，她辛辛苦苦一整年得来的，居然跟别人轻松一坐得到的一样多。

她恨别人的轻佻，也恨自己的清高，甚至还有几分后悔。

不就是坐一下而已吗？为什么我就不敢呢？

那些躲在良心背面的东西，像是一个有着神秘力量的黑色天体，你一边对它深恶痛绝，一边又心生羡慕，忍不住想要靠近。

同时，这种羡慕又会催生一种微妙的负罪感，让你感到双倍的不舒服。

你告诉自己不许羡慕、不要在意，可欲念越是被打压，反扑就会来得越是气势汹汹，这种无力感会让你忍不住去想：

我怎么会羡慕她这种人呢？我一定是出了什么问题。

好讨厌这样的自己啊。

为什么人会忍不住去羡慕，甚至模仿自己厌恶的人？

美国作家朱迪思·维奥斯特在《必要的丧失》中说过的一段话可以说是最佳的答案：

我们在行为上会模仿我们喜爱、羡慕和崇拜的人，但我们也会效仿那些我们憎恨和恐惧的人，这就是对攻击者的认同。这种认同可能会出现在我们很无助且可能会受到挫折的情形下，当我们遇到比自己更强大、更有力的人时，我们就会受到那个人的摆布。

我们努力模仿着我们痛恨和害怕的人，希望通过这种方式获得他们拥有的威力，从而使自己能够对抗他们身上所体现出的那种危险。

如果你打不倒他们，就加入他们，这何尝不是一种自保？

你在加入这些人的时候从来不是心甘情愿的，即便你跟他们做着一模一样的事，你还是会在心里告诉自己“我跟他们不一样”“我是有苦衷的”“我没有忘了我的初心”。

可又有什么区别呢？就像故事中那个去屠龙的少年英雄，与恶龙缠斗许久，自身亦变成了恶龙。

归根结底，没有人能够完美地做一套想一套，你的所言所行，会逐渐将你塑造成另一个人。

所以，要顶住。

无论你有多羡慕，无论这黑暗的诱惑有多强大，都要顶住。

如果你不想成为那个靠玩弄心机或陷害别人给自己谋利的人，就不要允许自己迈出第一步。

毕竟，我们并不仅仅要选择自己要得到什么东西，更重要的选择是要成为什么样的自己。

一个人最好的自律，是不将错就错

过年回家，陪五岁的外甥女去游乐场，她最喜欢的是一套滑梯组合。也许是那天下雪人又多，有调皮的孩子趁着管理员不注意穿着鞋就跑到了场内。等我们到的时候，滑梯上已经满是穿着鞋的小朋友，以及肉眼可见的泥渍。

小姑娘按照惯例，坐在入口处的小板凳上准备脱鞋，表嫂提醒：“今天就别脱了，你看大家都穿着鞋子呢。”

她抬头看了一眼，显然犹豫了一下，但还是低下头跟自己的绑带小靴子死磕，表嫂怕她的袜子被泥水弄湿，便又推了推她：“都跟你说不用脱了，滑梯已经脏了，别人都穿着鞋，你脱了也没用。”

“可别人是别人，我是我。”小姑娘说着，终于解开了鞋带，扮个鬼脸朝滑梯跑去。

表嫂只能叹气：“你瞧这孩子，怕不是到了叛逆期，这么犟。”

那满场的孩子都穿着鞋，唯有她崭新的白袜子最为显眼，我看着那双白袜子欢脱地跑来跑去，忽然很希望她可以一辈子都保有这种纯粹的倔强。

“别人是别人，我是我”，这样简单的九个字，却有太多的成年人想不通，做不到。

我有时候觉得，一个人的堕落，常常是从“别人都……”这三个字开始的。

别人都打游戏，我也不想看书；别人都买大牌衣服名牌包，我贷款也要。

因为别人的不认真，自己也开始敷衍了事；因为别人总迟到早退，自己便也学会了挑肥拣瘦。

我刚工作的时候，遇到过一位挺有意思的同事。

我们同一天入职，她的工作量明明比我少，却偏要让自己显得特别忙，一周总是要有一两天在加班，末了还要在朋友圈里发一些“今天又是玩命儿的八个小时，连水都没顾上喝，明天也要加油呀”这样的话。

待在同一个部门，那些演出来的辛苦同事之间自然容易识破，知道她一天总有两三个小时是在玩儿手机，把早晨能做完的事硬拖到下午，又把本能轻松做完的事说成千钧重担。

但“远程控制”的老板却总是买她的账，时不时给她“又加班了”的朋友圈点一个赞，每每见面还要慰问两句，但凡有难事、急事需要人手的时候也会一概绕过她。但我们每个季度到手的绩效奖金却不相上下，有时候，她甚至还比我多一点。

办公室里几位知情的前辈替我鸣不平，却又还没不平到给老板写封邮件讲明原委的程度，他们只好劝我：

“你也别太拼了，能少做点就少做点，就咱老板这种爱听好话、爱看孔雀尾巴花架子的，你干得再多也没用。”

我自小便被告知“凡事要做到尽善尽美”和“是金子总会发光的”，以为论功行赏是整个世界的运行法则，可刚入职场就被现实打了个天大的耳光。

原来真的有人可以靠动动嘴皮子就能得到我非常努力才能得到的一切啊。

对“不公正”的怨怼，对“清白成功”的怀疑，对那位同事表面上的鄙夷和隐秘的嫉妒，开始一点点毁掉我的心气儿和斗志。

我也开始得过且过，学会了浑水摸鱼，以及“在老板面前叫苦邀功必备十招”。

那时年轻的我还想不到“以后”，心里只有满满的不服气：

你都能这么做，我为什么不行？

经济学上有一个很著名的概念，叫作“公地悲剧”。

假如你跟一群牧民同在一块无人管理的公共草场放牧，大家都知道多养羊能给自己带来更多的收益，即便大家也知道草地的载畜量有限，他们还是会去养更多的羊。

你不多养，总有人多养。

别人养十头羊，你只养一头，草场还是会退化，而那时别人已经赚了个盆满钵满，你却什么都得不到。

谁不怕吃亏呢？于是每个人都想在草场还能利用的时候拼命地增加自家养羊的数量，直到草场退化到无法继续放牧，最终导致所有人都破产。

这样做仅仅是出于一己私利吗？并不见得。

就像生活里的太多例子一样，当我们选择“将错就错”的时候，赌气在这个决定里起了很大的作用，除此之外，还有几分“怕自己跟别人不一样”的心情。

人性天生好逸恶劳，顺着别人铺好的坡滑下去多简单呀，就算那一滑到底的坡会毁掉你的人生，还是会有很多人想也不想地坐上去，心甘情愿地将自己的生活双手奉上。

我也是在很久之后才明白这样一个道理：

归根结底，人必须且只能为自己负责。

而负责就意味着你不能拿别人的错误当作你将错就错的借口，随波逐流听天由命，放任身处的环境不断恶化，眼睁睁地看着自己的热情和动力渐渐丧失，直到自己也沦为一个“错的人”。

一个人该活得像《肖申克的救赎》里的安迪，他想要在重刑监狱里建一间图书室，就不停地给市长写信，所有人都告诉他：没用的，在这种鬼地方不会有人理你的。

可他偏不听。

他在所有人的不屑中无望地写着那些信，一封又一封，一年又一年，最终那得来不易的成功，又怎能用一句“幸运”就轻飘飘地盖过。

而我想，弗兰克·德拉邦特在电影中设计的这个桥段，并不是用来表现奇迹的存在，也不是用来证明“只要坚持努力就会有好结果”的。

它只是证明了弗雷德里克·巴克曼写在《熊镇》里写的一句话：

什么是社会？它是我们所有选择的总和。

你缺的不是情商，是自我

前段时间跟一个小姑娘聊天，蛮有意思的。

她说自己性格不好情商特低，总是忍不住评价别人，跟不对路的人聊天总是没说几句就跟人杠上，可是跟谈得来的朋友在一起，却又讨喜可爱，分分钟化身让人捧腹的女神经，她觉得自己特别分裂，来找我支招。

“不想再像小孩子那样总靠着一己喜恶来 judge 别人了，希望自己能活得开阔一点。但是，我要怎么才能不那么自我呢？”她问。

“或许就是因为你活得还不够自我吧。”我回复她。

表面棱角分明，其实却像是个中空的不倒翁，总被外界的力量推着左右摇摆，还以为那是自己的选择。

我见过挺多这样的女孩儿，甚至也曾是其中一员，整天把激烈的“我喜欢”和“我最讨厌”挂在嘴边，靠着这两句话找到那些同类，同时把另一些无法理解的人视为跟自己水火不容的傻 ×。

她们好像又激烈又鲜明，但当你问“你为什么喜欢 × ×”“为什么讨厌 × ×”时，她们大多无法给你一个逻辑完整的答复，翻来覆去念叨的不过是几句“我就是看不惯”或者“喜欢不需要理由”。

可是，一个人的自我不能仅仅靠着态度来撑门面，还需要稳定的价值观。

一个人特别容易感受到外界的敌意，并不是因为太过自我，往往正是因为不够自我，才会用激烈的语言和偏激的态度来武装自己。

像是受到惊吓之后奓毛的小猫，努力把自己膨胀得大一点再大一点，强刷一拨存在感。但你又何时听说过，身为万兽之王的老虎也会用虚张声势的小伎俩来证明自己？

曾经看过一段港媒对窦靖童的采访，问题个个带刺，尖酸到刻薄，其中有个问题是：

你觉得哪个父亲最好？

A：窦唯

B：李亚鹏

C：谢霆锋

D：不知道

就是这个连普通人听到都会分分钟拍案走人的问题，窦靖童一没发脾气，二没摆脸色，她甚至还露出了个有点无奈的微笑。

“我真的，我不知道怎样回答。”她说。

我记得当年跟朋友一起看那段采访，一起在房间里大呼小叫地替她鸣不平：

王菲那么有个性，怎么窦靖童却是个软包子；

这样问也太欺负人了吧；

为什么她不生气，不直接摆个脸色转身走人。

后来，由于种种原因我又看了那段视频好几遍，逐渐发现了她不生气的秘密。

那根本不是喜怒不形于色，也不是滴水不漏的高情商，或是什么委曲求全。

她不生气的唯一原因，是她根本不在乎。

是见惯了太多的试探，找准了底线之后的淡定。是对自己的绝对自信，才使得她不会因为一点挑衅就迫不及待地想要反击。

她不是那种高高地飞在天上，但一戳就爆的气球，她太清楚自己的优势和软肋，所以无论是应对好意还是面对挑衅，都能让自己显得游刃有余。

我跟人约会的时候，特别讨厌对方迟到，是那种恨不得就地绝交的决绝，和压根不想搭理这个人哪怕一句的厌恶。

直到有次跟朋友吃饭，他忽然问我：“你为什么这么讨厌别人迟到？”

“每个人都应该有时间观念啊，迟到就是对别人的不尊重，从小事上就能看出一个人做人的细节……”我巴拉巴拉地说了一大堆。

他接着问：“我不是在问你迟到好不好，我只是好奇，你为什么会这么讨厌别人迟到？”

为什么呢？

难道我不过是跟风？难道我就是看不惯别人做错？难道我也不知道自己为什么讨厌迟到？

我的大脑断片儿了好几秒，终于反应过来：“因为对方迟到会浪费我的时间，一旦我觉得自己在浪费时间，就会特别暴躁。”

“难道你自己就不浪费时间吗？就不发呆走神玩儿手机？”他大笑，“你就算再认真，也没办法把每分每秒都计算到啊，等待的时间算不算得上是浪费，其实是你自己的事。”

我是在很久之后才明白他的这句话的。

那些被用来等待的时间，其实也是足够去喝杯咖啡、翻几页书，或者去附近的小店里小小地探索一下的。但是我却决定把它用在焦躁和抱怨上。

出问题的不仅仅是对方，我自己的时间管理也存在问题。

后来，我养成了随身携带 Kindle 的习惯，如果对方迟到了，我会就近找一家美美的小店坐进去看书，顺便潇洒地抛个定位“一会儿到这儿找我”。

吴伯凡老师在专栏里写过这样一句话：

所有对他人的期望，都是自我的不满足。

一旦当你学会了如何填满“自我”，自然就不会再去强求别人的配合。

与谦逊无关，与情商无关，无非是当你知道了自己能掌握航向之后，就不愿再把控制方向的船舵交到别人的手中。

你不是活得太自我，而是太没有自我了，才会在意周围的声音，在意别人的行为，急吼吼地给人贴上简单粗暴的标签，以此来标榜自己的态度。

就像当年明月在《明朝那些事儿》中所写的一样：

人是因为坚定而强大，又因为强大而温柔。

当你知道了自己是谁，自然就不会介意别人如何看你。

当你确认了自己想要什么，那些无关的东西才不会扰乱你的心绪。

每个人最后都会成为大海中的一滴水，但在那之前，你需要找到真正的自我。

你敢不敢真的一辈子不结婚

女友小南于大年初四狼狈地逃回上海，为的是跟全中国超过二十五岁的女孩儿们同样的困境：被逼婚。

小南有男友，已经谈了三年多，她本准备将这长跑再拉长几年，却在跟七大姑八大姨的论战中遍体鳞伤。

那套说辞她原本很熟悉，不过是被亲戚们唠叨几句：

女孩子过了二十五岁就不值钱啦；

你就这么耗着，万一他将来甩了你你可没地方哭哦；

年龄大了不容易生孩子……

她的致命伤来自母亲的一声怒吼："有本事你就一直这么拖着，

你一辈子都别结婚。”

她依稀记得自己当时回怼得理直气壮，可深夜却忍不住在微信上说了真话：

“其实我挺㞞的，虽然我真的不想结婚，但想到如果一辈子都要一个人过，真的有点怕。”

我理解她，这几年来我身边有过太多像小南一样的女孩儿，口口声声地说着“要谈一辈子恋爱不要结婚”，忽然有天就披上了婚纱成了人妻人母。

爱一定是有，但更多的是怕。

对年龄渐长的恐惧，对一切不确定的惶恐，对孤独的避之不及，常让她们以“逃一般”的姿态进入婚姻。

没有人喜欢婚姻里的鸡毛蒜皮和柴米油盐，但它就像是茫茫海上的一根浮木，虽也身不由己，但好歹有个依托。

很多一起过的原因并非基于对对方的深情，而是对自己和未来的放弃。

秋微写得多一针见血，而正因如此，那些匆匆逃进婚姻的人，往往又是最怀念单身的一群。

她们单身的时候整天惴惴，结婚后又总是打着追忆往昔的旗号，遇到任何不如意都拿来感慨“好怀念一个人的时候哦”。

从未用尽全力去经营一段关系，而是把一切的鸡毛蒜皮都丢进“要是我当初没结婚就好了”的垃圾桶里自欺欺人。

人人都向往能嫁给爱情，可一个人是否能如愿，很大程度上取决于自己能给自己多少幸福和安全感。

但别误会，我并不是在劝你给自己买四位数的眼霜和五位数的包包，每天把“爱自己”“接纳自己”的口号挂在嘴边。

想要应付刻薄的生活，这还远远不够。

我有位女友住在深圳，去年，她趁着周末跑去参加了一个水电维修的培训班。

对，就是你想象中的那种，跟糙老爷们儿一样拿着水工钳和电笔在缠成一团的电线中判断哪根是火线哪根是零线，从弯弯绕绕的水管里掏出长相各异的污物的培训课程。

她拿到结业证书之后兴高采烈地跑到群里讲：“我学会了好多东西，不仅一分钱不花，上完课还能拿到政府发的技能补助，姐妹们有兴趣的抓紧，下个月还有一期。”

群里正在聊着哪个牌子的眼霜更好用的女孩儿们陷入了短暂的沉默，半晌，才有人敷衍地开口：“听起来挺不错的呀。但我真的没时间，周末我还要去美容院做保养呢。”

二零一八年年底的时候，那个喊着做保养的女孩儿跟相亲对象结了婚，半推半就又不大情愿，婚礼前一天还在群里找我们吐槽夫家的种种。

当有人问她明明不满意为什么还要嫁的时候，她说：

“今年小区停电停得太频繁了，家里保险丝都烧断了四次，每次叫物业都磨磨叽叽，有一次还拖了一夜，第二天中午才来。

“他再不好，总能换个保险丝拉个电闸什么的吧？我一个人害怕。”

我是在那一刻理解了脱不花的那句：

你需要尽快建立一套自己的生活资源系统，从保姆小时工到专车司机、宠物医生，能二十四小时喊来帮忙的亲友，甚至旅行代理人，把自己的生活置入一种由专业人士服务的环境中去。

说话的女孩儿收入不低，早两年也买了车和一间四十平的小公寓，人前也是百分百的独立摩登女郎。

可你看，能养活自己和能把自己照顾好之间，还是无法简单粗暴地画上等号。

生活本已不易，更别提那足以从你心中刮走一层皮的孤独风暴。

不，不是什么一个人吃火锅、一个人打吊针的一次性的小麻烦，那些细碎的孤独时时刻刻都藏在你身后，只要你露出一点点脆弱，就会泼洒成无法收拾的自暴自弃。

一个人的时间，毕竟还是太多了啊。

不用负担两个人甚至三个四个人的衣食起居，不必花大力气在另一个人面前掩饰情绪，微信电话都可以随心所欲、有一搭没一搭地回应，省去太多跟另一半的交际圈虚与委蛇的时间。

可当人真正有时间来跟自己做伴的时候，往往才会发现自己也没那么好相与。

因此，你如何填满那些孤独的时刻，才决定了你能留住多少满足。

不是那些为了打发时间才去做的刷微博、大扫除或者漫无目的地逛街。你需要的是那种让你每晚入睡前觉得这一天没白过，在每天清晨想起它又觉得未来可期的事情。

那些能给你带来满足感和成就感的东西，才是乘着你蹚过孤独的那条船。

照顾好自己，不倚靠另一人替你披荆斩棘。

理顺自己的内心，不把时间和孤独托付给自己之外的人。

敢一个人生活，也能一个人生活得很好。

无论嫁与不嫁，那才是你最好的底气。

“报应了吗？”“还没有。”

女友南南年前参加了一场聚会，遇见多年没见的老同学小乐，回来心态崩溃了。

南南跟小乐曾经是最好的朋友，大学同班，工作同部门，无话不说，亲密得如同一个人。

但这要好很快就被小乐单方面终止，当时她们部门重组，空出来一个管理岗位，南南和小乐同年入职，业绩不相上下，又都颇得领导赏识，成了彼此最有力的竞争对手。

那段时间刚好是年底，每个人都忙得焦头烂额，有次加班到凌晨，在路边等出租车的时候，大大咧咧的南南跟小乐吐槽：

“平时闲到疯年底忙到死，老板为了做业绩这么折腾人，根本就不会管理嘛，我要是当了领导，绝对保证让大家都早早下班回家睡觉。”

小乐当时还笑着附和了两句，可南南万万没想到，小乐把这句话记得如此清楚，以至于向老板复述的时候，一个字都没差。

她们的老板平时最是小心眼也最是刚愎自用，直接就把南南叫进办公室一通臭骂，而背后捅了她一刀的小乐则顺利地登上了经理的宝座，连一句解释都没有。

南南像吃了一只苍蝇一样恶心，吐不出来又咽不下去，索性裸辞去了上海，折腾了好几个月，才找到一份比较满意的新工作。

她常常会想起小乐，憋着一股气接最难的项目，出最远的差，为了一张 PPT 跟客户磨到凌晨，换来一次又一次的加薪，以及坐火箭般的升职。

就当她觉得自己“准备好了”的时候，她又见到了小乐。

小乐也跳槽了，借着原来公司的东风，一跳三级成了总监，月薪不知道翻了多少倍，被新公司公费派到欧洲学习了一年，还找了一个男模般的意大利男友。

“这也太不公平了吧。”南南说，“这种人不是该有报应的吗？凭什么我这么努力得来的一切，她也有？”

有个刚上大学的小姑娘跟我讲她们宿舍的事。家里最有钱的女孩儿喜欢拉帮结派，看不起一个来自农村的女孩儿，总是以各种理由找那个女孩儿的麻烦，跟另外三个人联合起来孤立她。

她们自己可以在熄灯之后用手机放摇滚乐，但那个女孩儿只要打电话的声音大一点就会被斥责；

她们吃零食弄得饼干渣满地都是，但还是能理直气壮地指着地上的几根头发指使那个女孩儿："你，一会儿把地扫扫。"

我这个读者有一副女侠心肠，忍不住要替被欺负的女孩儿出头，有次宿舍里其他人又在排挤那个女孩儿，让她一个人去倒重重的垃圾桶时，她忍不住开了口：

"垃圾又不是她一个人丢的，要倒一起倒，轮流倒也行。"

没人说话，过了好一会儿，领头的那个女孩儿冷笑一声："好。"

也没有什么往被子上泼冷水、牙膏里掺石灰粉这种狗血的桥段，但从那一天开始，她明显地感觉到自己也被孤立了。

没人跟她说话，没人帮她带饭，没人借给她笔记，好好的血肉之躯，成了别人眼中的透明人。

那一刻，她明白了那个"好"的含义。

你不是要帮她出头吗？那就连你一起孤立好了。

她特别难过，问我："明明就是她们不对啊，为什么我做了对的事，反而是被惩罚的那一个？"

我也记得那天我在电脑前坐了很久，一行字敲了又删，删了又敲，最后还是只回复了她一句："习惯就好，这世界原本就常常让人难过。”

我很小的时候也问过父母类似的问题。

为什么做错事的人可以不被惩罚?

而他们告诉了我五个字：迟早有报应。

在之后的生活中，我曾经无数次听到类似的话语：

人在做天在看；

恶人偏有恶人磨；

这种人以后会有报应的……

会有吗？或许吧。

但总不是现在，不是今天，而是谁也不知道会不会来的以后。

就像一条长队伍里有人插队，只有一两个人会站出来表态，而大多数人只是沉默着，往后退让一步。一边念叨着明哲保身吃亏是福，一边在心里咒骂：谁插队谁今天丢钱包。

也的确不是什么十恶不赦的恶与坏，但正是因为琐碎与日常，才让人无可奈何又如鲠在喉。

知乎上有一个好玩儿的问题：

给你十亿美元，但会有一只蜗牛永远在你周围十公里范围内追杀你，它不能被杀死，寿命无限，可以翻山越海，可以进出密闭空间，它没有标记，也不会预先告诉你它长什么样，你无法把它跟其他蜗牛区分开来。

这样的条件，你愿意接受吗？

下面有个高赞的回答说：这只蜗牛，不就是我们的良心吗？

我很喜欢《纸牌屋》里的一句台词：

所谓良知，并不是你能不能面对别人，而是每天早晨醒来，你敢不敢面对镜子里的自己。

或许这世界上根本没有报应这回事，老天很忙，顾不上拿着小账本计算你所有的功过得失。

但每个人，都会有必须要直面自己的那一天，来自良心的提醒有时会迟到，但它永远不会缺席。

那一刻的心虚、愧疚和悔恨，才是最残酷的惩罚。

或许等到了那个时候，我们才能明白自己为何还要选择当个好人吧。

因为“好”从来不是为了得到，只是为了不失去。

我二十一岁，不是任何人的好朋友

一个上大三的姑娘给我留言：

“觉得自己活得好失败啊，眼看大学快要结束了，还没有收获一个好朋友。”

她是那种棉花一样的女孩儿，弱小绵软不起眼，跟身边所有人都客客气气的。她一直觉得这种君子之交淡如水才是友谊的最高境界，直到有次宿舍里的几个姑娘一起去春游。

宿舍六个人，有一个女孩儿家里有事临时退出，只剩她们五个人一起出行。她最后一个出发，仔细检查了宿舍的门窗，还专程去打了一壶开水晾凉，以备下午大家回来口渴。

可等她走到学校门口，却不见了其他几人的身影，舍长给她发来一条微信语音，背景里有几个女孩儿的笑闹：

“小 Z，我们先过去啦，出租车只能坐下四个人，你弄完了自己打车过来啊，我们在植物园门口等着，爱你呦。”

爱你呦，她们说，可她却难过得想哭。

并不是只有 1 加 4 等于 5，2 加 3 也等于 5 啊。只不过，没有人愿意留下等她而已。

她一个人在出租车里哭了整整二十分钟，跟舍友们会合，她们没有发现她略微红肿的眼睛和鼻头，她们开心地合照，只有需要凹造型的时候才会对她发出邀约：来来来，小 Z 也一起来。

不陌生吧，这样的邀约。

就像舍长去超市买东西，问遍了其他所有人都不去才会来叫她，而她总是点头答应。

就像上铺的女孩儿学化妆，软磨硬泡想在其他人脸上练手都被拒绝，只有她顺从地任她在脸上涂涂抹抹。

她本以为女生之间的友谊就是如此，可现在她才明白，那句“你去不去”原本就是不抱希望的邀请，而那句“你最好了”也不过是一句敷衍的客套。

看似不可或缺，却从来都不是任何人的第一选择。

她委屈地问我：“我到底做错了什么？为什么她们都不喜欢我？”

我反问："她们丢下你先走，你明明不高兴，见了面为什么不说？"

她被我问得愣住，隔了半晌才回："我觉得闹脾气不好……自己能忍的，就忍忍吧。况且，我也不知道这种话要怎么说。"

二零一六年《武林外传》播出十年的纪念日，我高中时期的重度剧迷同桌特意跑来找我重温童年。我们一边吃零食一边有一搭没一搭地聊当年的趣事，她忽然问："你还记不记得外传里那个笑起来甜甜的，特别爱干活的女孩儿叫什么名字？"

"无双啊，祝无双。"我秒答她。

她一脸"原来如此"的表情，说："有次跟同事聊起这部剧，全办公室的人都想不起来那女孩儿叫什么了，只记得她的那句口头禅——'放着我来'。"

我跟着她笑，可心里却有点莫名的难过。

原来他们都不记得无双了啊。

她那么善良那么漂亮，厨艺那么精湛，武功也那么高超，她对身边的每个人都很好，把同福客栈当作自己的家，抢着干一切不属于自己的活儿。

可她始终是可有可无的那个人啊，无论是男女情还是姐妹情，她从来不是任何一个人的第一选择。

佟湘玉有白展堂，郭芙蓉有吕秀才，就连女人间的八卦，也是佟湘玉和郭芙蓉之间的话题比较多。

你又能说她做错了什么呢？

一位同样是外传粉的女友给了我这样一个答案：

祝无双最大的缺点，就是她没有缺点。

因为没有缺点，没有个性，没有诉求，所以也不被选择和记住。

明朝的大家张岱曾经讲过这样一句话：

人无癖不可与交，以其无深情也；人无疵不可与交，以其无真气也。

所有的人际交往，本质上都是自我暴露，一个人有自己的喜恶，才能吸引与自己拥有同样喜恶的同伴；一个人有自己的缺点，才能遇到能与自己互补的人。

而我们在自我暴露中所显示出的真实，才是关系中彼此之间交付忠诚的信物。

后来我也认识了一些如同小 Z 一样的姑娘，她们温柔，她们乖巧，她们从没有小脾气小任性，无论你说什么，得到的都是一个微笑的点头，即便被问到“你觉得呢”，她们八成也会回答一句“你说得对”。

可这样的交往却往往让人觉得憋闷，好像当你介绍完了自己的爱好特长、毕业院校、家庭成员甚至是你的宠物狗之后，你对面的那个人却依然是一团看不清的迷雾。

很多打着“教你提高情商”的旗号的书总是会过分强调聆听和提问的重要性，诚然，这两样是维持一段对话的关键要素，但若是拉长到一段关系里，“如何说”才是最重要的课程。

比较一下这两段对话：

1.

A：你是哪个学校毕业的呀？

B：复旦大学。

A：你好厉害啊，你是哪个专业的？

B：我读的是金融管理。

A：那你现在的工作也是金融类的吗？

B：关系不是很大，能用上一点皮毛知识。

A：那你平时工作辛苦吗？

2.

A：你是哪个学校毕业的呀？

B：复旦大学。

A：你好厉害啊，我也在上海念书，当时还去复旦蹭过课呢，你是哪个专业的？

B：我读的是金融管理。

A：那你现在的工作也是金融类的吗?

B：关系不是很大，能用上一点皮毛知识。

A：找对口的工作的确不容易啊，我一直很希望自己的工作能跟专业挂钩，但像我们数学专业的，要想完全挂钩只能去当老师了。对了，你们平时工作辛苦吗?

如果你是B，这段对话结束之后，你更容易记住谁呢?

是那个对你提了一堆问题但没有给出任何信息的人，还是那个跟你同城读过书，毕业于数学系的人呢?

这就是为什么有些看上去咋咋呼呼，脾气也不大好的女孩子反而人缘更好的原因。

她们自我暴露的程度更高，性情爱好一览无遗，固然比较容易拉仇恨，但也更容易吸引到那些欣赏她们的特质，能够包容她们的缺点的人。

是你的性情、你的脾气、你的小爱好和小缺点，构成了活生生的那个你。

而我选择你作为朋友，并不只是因为你很好，而是我对你有兴趣，基于了解而建立起来的，才是真正的友谊。

明白这个道理的人，都不跟自己死磕

李松蔚老师的新书《难道这一切都是我的错吗》中，讲到了一个很有趣的理论：

一个人的问题，并不是他自己的问题，而是他所处的整个系统的问题。一个人无法只靠自己打破整个系统的惯性，这就是为什么改变有时候这么难。

我是在跟一位朋友聊天的时候忽然想起的这句话，她被自己的拖延癌晚期搞得焦头烂额，旷日持久的斗争持续了好久，依然没有丝毫起色。

拖延到什么程度呢？

一份十页的 PPT 规定在一周内做完，她能硬生生地拖到最后一个小时，刷一会儿抖音看一会儿韩剧，实在来不及索性就熬个通宵赶工，中间也曾无数次提醒自己该做了，可借口总是能占据上风：我就回个微信；我就洗个澡；我就拿个快递。然后自然而然地，就又等到了下一次。

若是再年轻几岁，她大概会无所谓地说一句“deadline 是第一生产力”，可眼看年龄渐长精神不济，熬一晚上都要缓三天，面膜眼霜等护肤品更是价格不菲。她打定主意要戒懒戒拖延，从发红包求监督到罚自己不许购物不许吃饭，可意志力像是滑了丝的螺钉，任她用尽各种方法，还是撑不过一个月。

我作为红包的最大受益者，几乎旁观了她跟拖延症斗争的全部过程，也跟她一样卡壳在同一个问题上：

为什么人会去做那些让自己很痛苦的事呢？

这个问题单从她自身来看几乎是无解的，可一旦你把它放进一个系统中来看，就不难发现端倪。

她所在的事业单位钱少活儿轻，同事们大多是四十到五十岁的关系户阿姨，每天的日常不外乎聊婆婆、聊孩子和一些鸡毛蒜皮的小事。刚开始，她会在忙完手上的工作之后学会儿英语或者看会儿书，却总是会受到她们五味杂陈的嘲讽：

还是小李上进啊，科长还没退就等着接班了；

大学生就是不一样，你看看，人家都不愿意跟咱们凑堆聊天；

咱们这儿又用不上英语，小李你是有二心吧，就这小庙，哪儿能留得住你……

久而久之，她也就学会了应付她们的那一套，哪怕是最简单的一件事，也要等到下班前再做。这样一来，她就能在她们叫她聊天的时候理直气壮又愁眉苦脸地说：

“我还有事没弄完，主任等着要呢。”

这借口屡试不爽，一次又一次，渐渐地也就成了她的习惯。

这也是她所有跟拖延症的死磕都会失败的原因。

在那个系统中，高效和上进其实是不被鼓励的，系统需要她拖延，为所有人制造一种短视的安全感。

她一天不摆脱这个环境，就永远需要拖延这件武器跟生活交战。

想起的另一件事，来自我的一位小读者。她上高二，眼看到了冲刺的关键时刻，理智上知道应该努力，却总是打不起精神，无论给自己灌多少鸡汤打多少鸡血都无济于事，总是忍不住玩儿手机，一翻书就犯困。

我跟她聊了好几次，也跟她一样找不到这种矛盾的原因，直到有一天聊着聊着，我随口问了句：“那你现在这个状态，你父母怎么看呢？他们会不会逼着你，给你压力？”

“不会，他们根本就不管我啊。”她回我，“我爸妈都是做生意的，觉得我考好考坏都没关系，大不了就回家来帮他们做事，还总是安慰我别学得太累了。”

那一瞬间，我明白了她的“无处着力”。

那种感觉，就好像是你刚翻开书，母亲就端来一盘水果，带着一脸慈爱偏要看着你一口口吃掉，临走时还不忘叮嘱一句：别学太累了，早点睡啊。

这句话里隐藏着有没说出口的那句话：考高分也没什么用，看我和你爸没上过大学，不是也过得挺好的。

她的潜意识敏锐地捕捉到了这句话，在理智还没察觉之前，率先向轻松和享乐举手投降。

潜意识的力量何其强大，意志力与之相比，二者的力量悬殊得像是大象与猫，也难怪她无论怎样告诉自己“该学习了”，坚持不到半小时就会原形毕露。

你遇到的每个问题，其实都是系统的问题，你尝试改变的努力之所以失败，也是因为系统并不要求你改变。

脾气不好？那是你所在的系统能包容你的坏脾气，你从未因此付出过高到肉疼的代价，所以才总是不长记性。

太内向太害羞？那是你所处的环境不要求你拥有多高的社交技

巧，如果你去做必须要以说话为生的销售或者培训师，用不了多久你就能侃侃而谈。

攒不下来钱？那是因为你还没遇到过那个让你为难着急得恨不得套上丝袜去抢银行的时刻，你还没懂得财富的珍贵，自然也就对它不感兴趣。

以及我们都知道的那个学习语言的终极秘技：把你扔到人生地不熟的国外去待上几天，保证进步神速。

但是，这并不意味着你可以因此不必对自己的问题负责，每个人都有一次为自己创造情境的机会，改变与否，始终在于你自己的选择。

想治疗拖延症，就去一个鼓励提高效率的新环境，当你的每一天都能被安排得满满的，节约出来的每一分钟都能为自己所用的时候，你自然就不需要再借助拖延来获得系统的认同。

想沉下心用功，就多跟学霸交朋友，从他们身上获得沉静和积极向上的态度，老老实实待在教室里上晚自习。

与其与问题死磕，不如先找出问题的根源，与其改变自己，不如改变情境。

那并不会更容易，但难走的那条路，才是解决问题最好的方法。

身段要软，手段要硬

在人生这场试练中，只靠才华是不够的，你还得耐得住批评，受得住委屈。

一个人成熟的标志：身段要软，手段要硬

几个朋友聚会时聊到这样的一个话题：你觉得什么是一个人成熟的表现？

有个女孩儿说，她是从公司的实习生身上学到的这一课。

她们两个一起出差到另一个城市见客户，到了会场才知道客户公司的线路出了问题，会议室里的投影仪成了摆设。客户方把一肚子的邪火通通撒到了两个小姑娘的头上，埋怨她们没有准备纸质版的资料，白跑一趟还浪费大家的时间。

她本来就脾气冲，熬了好几个晚上做的 PPT 就这么无端被否决，

脑子一热就准备跳起来跟客户争辩，那个柔柔弱弱的实习生却抢先开了口。

那小姑娘本就是南方人，吴侬软语一口一个老总一口一个前辈，又是赔笑又是道歉，好说歹说，竟也说服了客户给她们一个展示的机会。

然后她用了十分钟，在白板上徒手画出了整个策划案，从数据来源到同比环比分析，精确到小数点后两位。客户的神情从轻视慢慢变得郑重，最后她们居然也成功地拿下了第二年的合同。

“蛮吃惊的，感觉自己被一个九五年的小孩儿秒杀了。

“不是因为她记忆力比我好，也不是因为她对这个项目比我上心。而是她明明有几把刷子，居然还能这么放得下面子。明明不是她的错，却背锅背得坦然又平静。

“是她让我发现，发脾气是世界上最无用的东西，只有小孩子才赌气，而成年人解决问题。”最后她说。

我很喜欢作家黄佟佟评价马东的那段话：

他是一个身段柔软的人，在任何一个容器里，都可以盛满这个容器。

人对自己最好的认知就是先把自己放下，携带着巨型的自我不利于前行，走路都难，何况转身。一次一次把自我放下，这才能短衣服小打扮，身轻如燕，挪腾自如，到达自由境界，这是一种代价更小、成本更低的方式。人生本来就短，用一种高成本的方式前行，不值当。

但人常常如此，越是年轻，越是一无所有的时候，往往越执着于身段和面子。

以为只要死不认错就能保护脆弱的自尊，以为低个头道个歉就是对自己人格的贬低，只有处处要强，才能显得有志气。

认识一个蛮有才华的男生，开始时干得顺风顺水、春风得意，很快就成了部门的明星员工，但凡公司高管出席的报告会，PPT 里总少不了他的创意，就当我们都认为他可以实现两年跳三级，完成职场的第一步飞跃时，他却黯然辞了职。

并不是为了多大的一件事，而是因为在一次内部的月度会议上，他提交的报告里少了一个数据，使得部门的副总监提出了质疑。

众目睽睽之下，他被问得下不来台，已经到了嘴边的一句“对不起是我没注意”，硬生生变成了“这个本来就不是关键 KPI，就是不看也没多大关系”，副总监又是较真的性格，两人竟你来我往地在会上争执了起来。

就是从那天起，他开始清楚地感觉到自己正在被逐渐边缘化，见不到重要的客户，拿不到关键的资源，就连之前手上的几个大项目也被安插了副手，他一怒之下选择了裸辞。

我在一次聚会上遇到他时，他正梗着脖子跟一个试图劝他的朋友较劲：

“常在河边走谁能不湿鞋？谁还没个出错的时候？论业绩我也算数一数二，他凭什么一点面子都不给我，当着那么多人把我当孙子训？”

劝他的人见状摇摇头走开，而他依然不依不饶地数落着副总监的“罪状”。

蛮难过的，看着他亲手把自己的锦绣前程撕得粉碎，好像在疾风暴雨里不肯弯腰的一棵小树，被一道闪电拦腰劈断。

是的，他的优秀大家有目共睹，但在任何一个已成规模的公司里，也并没有谁，是真的完全不可代替。

在人生这场试练中，只靠才华是不够的，你还得耐得住批评，受得住委屈。

有一句话这样说，成功有三要素：一是坚持，二是不要脸，三是坚持不要脸。

坚持每一天都让自己的手段更硬、方法更多，但也学会将身段放低，变得更加谦卑和柔软。

这本是成长最快的两只互补的车轮，多人却把它们完全对立起来，认为只有端起架子、做足面子才能证明自己的优秀。

这样的人往往起步很好，但随着年龄渐长，自我意识日复一日地膨胀，而能力却因为闭门造车而止步不前，逐渐被自负裹挟，与现实脱轨，成为一个既狭隘又偏激的面子至上主义者。

人天性自恋，练习把身段放低，是一场艰苦的修行。

被史学家评为“外儒内圣”的曾国藩，一直以其包容、低调的人格魅力被视为待人处事的典范，但他在三十岁之前，其实也是个不折不扣的“刺头”。

他愤世嫉俗又态度强硬，刚开始带兵办团练时，因为看不惯湖南官场的老旧官僚作风几乎得罪了所有同僚，与绿营军更是矛盾重重，甚至与之发生火并。

军事上有太平天国之困，官场上又处处被排挤，正在最艰难的时刻，他父亲又离世，曾国藩必须回家给父亲守孝，回想起这几年的遭遇，他心灰意冷，觉得自己非常委屈。

明明不遗余力，却偏事事掣肘，明明一腔热血，却偏处处碰壁。

而改变他后半生的，是他读懂的《道德经》里的一句话：

上善若水，水利万物而不争。

一个人想要做出成绩，只靠单打独斗是不够的，必须要放低身段才能获得他人的助力，以成就自己的抱负。

这不是厚黑，也不是认㞞，放低身段，只是为了更好地达到目的。

正是想通了这一点，曾国藩复出后，才一改过去锋芒毕露的作风，努力包容之前自己看不惯的官场寄生虫，设身处地地体谅他们的难处。跟人发生冲突时，也不复从前的固执和强硬。

正因如此，他才得到了众多同僚的支持，从一个可有可无的中级官吏一跃成为史学家口中的“半个圣人”。

人生不是单行道，而手段不仅仅有对错之分，还有性价比的高低之别。

明白了这个道理，才是真正的成熟。

与其较劲，不如借力。

性情稳定，是性价比最高的竞争力

上个月发小结婚，我跟几个要好的朋友结伴去参加他的婚礼。大家平时都在不同的城市，婚礼前夕才第一次见到准新娘，都有点吃惊。

怎么说呢……女孩子满面笑容，绑着普通的马尾，眉间眼底都是新婚的喜气，使她整个人都有种被笼罩在一个粉红泡泡中的甜蜜和梦幻的感觉，平添了三分可爱。

而我这位发小，人暖嘴甜颜值高，从小情书就收到手软，留学回来之后，更是成了朋友圈备受关注的白金王老五，谁也没想到他会这么快就步入婚姻，还是跟这样一个看起来平凡无奇的女孩子一起。

有个暗恋了他好几年的姑娘直接没绷住，准新娘刚一转身，她就迫不及待地向他发问：“你到底看上她什么了？”

这话问得奇怪，但我们还是八卦地凑了上去。他神秘地眨了眨眼睛：“她老家拆迁补了六百万……”

他神情严肃不似玩笑，姑娘刚露出恍然大悟的神情，他才慢吞吞地补充：“可是她一分钱也没拿着……”

大伙儿齐齐抓狂，逼着他讲从相识到恋爱的全过程。

他们本是不同部门的同事，平时手上的业务多有交集。女孩儿家在河北某地郊区，正好跟市政规划的新花园广场重合，广场开建不久，女孩儿暴富的消息就在公司里传开了。

两幢三层小楼，十几亩宅基地，怎么说也能拿到几百万的拆迁款。办公室里传得沸沸扬扬，他也跟着大家起哄，逗她：“小富婆，你怎么还来上班呀？”

她不躲避也不解释，只是笑道：“我可舍不得你们。”

可当事人越是冷静，吃瓜群众就越乐于起哄，没过多久，女孩儿的好闺密就放出另一条劲爆的消息：

女孩儿的父母重男轻女，以她上大学转出了户口为由，居然把她的份额都分给了弟弟与弟媳，虽说家里得了好多钱，她竟什么也没落着。

办公室里又一次炸开了锅，而她依旧跟没事人似的正常上下班，由她对接的工作，依然做得一丝不苟。

如果不是那天听到她在楼梯间一边哭一边跟家里人打电话，他也只以为这不过是无中生有的八卦。女孩儿哭得极其伤心，挂了电话径直去了洗手间，来给他送文件时，除了眼眶还有些微红，语气神态居然平静得让人看不出一丝端倪。

一个这么年轻的女孩儿，面对巨大财富的从天而降又不翼而飞，居然可以冷静到这个地步。

他有好奇也有敬佩，主动约她一起吃晚饭，而这就是他们交往的开始。

两人之间虽然也有争吵，也有矛盾，可她跟他认识的女孩儿都不一样。

有原则但不咄咄逼人，有性格但不不无缘无故地摆脸色，有矛盾从不冷战不耍小性子，像是一潭温柔的春水，于不动声色间化解他所有的棱角与不安。

“跟她在一起很开心，有种莫名其妙的安心感。”他说。

我想，我是有点理解那种感觉的。

龙应台在《亲爱的安德烈》中写道：

你需要的伴侣，最好是那能够和你并肩立在船头，低斟浅唱两

岸风光，同时更能在惊涛骇浪中紧紧握住你的手不放的人。换句话说，最好她本身不是你必须应付的惊涛骇浪。

跟性情稳定的人相处，你不必时时担心自己说错了什么话做错了哪件事就招来白眼和别扭，也不会因为偶然的两句口角就涕泗横流，闹分手闹拉黑。

你会确认自己是被爱着的。

不是因为做对了哪件事而被爱，也不是因为讨得对方一时欢心而被爱。

你被爱，因为你是你。

这样的伴侣，其实有点像一条减震带，世间千万种苦和难，从他们的手中滑过，也会变得没有那么难以接受。

认识一个设计师，是纯工作关系上的交往，他作为乙方的代表，承接了公司的一个很大的广告项目。

才华是真的有，但脾气也是真的坏。

图稿一遍也不肯修改，开会的时候比甲方还要大声，工作全凭心情，高兴的时候可以弄一个通宵，不开心的时候直接不来上班，微信不回，电话也不接。

每当开会问他要进度时，他都潇洒地把手一挥："你们不用管，我心里有数。"

项目就这么磕磕绊绊地进行，我们常常因为他的“有数”被弄得人仰马翻。

有时一整天都没事做，有时却得临时加班到深夜，虽然最后也顺利地完成了项目，却给大家留下了不小的心理阴影。

再后来遇到类似的项目，我们就先跟乙方公司打好招呼：除了 ××× 之外，设计师让谁来都行。

后来换的那些设计师，没有一个像他那般惊才绝艳，但也没有一个再那样折腾过我们。

他以一己之力能做到 90 分，而一个差不多的设计师，磨合几遍也只能做到 85 分的效果。可那仅微小的几分之差，不值得合作伙伴整天为之提心吊胆。

其实蛮为他可惜的，眼看很多后辈要么进入管理层要么自己拉团队创业赚得盆满钵满，他却还在原地踏步，做着那些初级设计师的工作，脾气更坏，前路更窄。

湖畔大学的梁宁讲过这样一句话：

才气是最不值钱的东西。

而人无论滞留在哪个层级度过一生，其实都是因为吃不了其他层级的苦。

一个人想要往更高的地方走，就必须要掌握更贵重的技能。

比如可以控制自己，可以与人合作，让自己的行为变得可以预料。

生活不是拍电视剧，不需要那么多人为制造出的波折和drama。

而我们想要的，归根结底，不过是安全感而已。

你所谓的好脾气，只是在活埋情绪

脾气一向最好的小月发飙了。

我刚走进办公室就被同事一把拉住，朝小月的位置努努嘴："劝劝？不知道她今天是怎么了，就跟她开了几句玩笑，倒生气了，说我们不尊重她，这会儿哭了快两个小时了。"

气氛挺尴尬的，她趴在桌子上头也不抬，坐在她周围的同事刚被她指责一通，也不好意思开口搭话，我作为当时唯一不在场的人，便被委派了安慰小姑娘的任务。

我们坐在楼下的咖啡厅里时，她的情绪已经平复了不少，肿着眼眶红着鼻头解释事情的原委：

“我本来就不喜欢她们给我起外号叫我胖月牙儿，昨天跟男朋友吵架一夜都没睡好，好不容易来吃个早餐，她们又说我吃得多，一下没绷住，就生气了。

“其实平时她们也总这样说我的，今天是我不对，不该跟大家发脾气。”

我问：“可你不想让她们叫你胖月牙儿，也不喜欢别人拿你身材开玩笑，对吗？”

她本能地点头，又忙不迭地解释：“大家也就是跟我开玩笑，我知道她们没有恶意的，是我自己太小心眼儿了。”

对啊，玩笑的，调侃的，没有恶意的。

但那把刀就算是没开刃，捅进心里也还是会疼。

而她的反应让我蛮难过的，一边捂着那处还在滴血的伤口，一边还要教育自己：

你怎么能喊疼呢？太小题大做了吧。

然后掩埋好自己所有的介意和恼火，继续做那个任人搓揉的老好人。

可情绪这东西，只在于有没有，而不论该不该。

你以为自己可以把情绪活埋，殊不知即便是把它埋在内心的最深处，它也会长出有毒的藤蔓，在不知不觉中爬满你的全身，将你变成一个行走的炸药包。

一旦到了引爆点，转瞬之间就会炸光自己辛苦经营的好脾气人设，还会落下一个“情绪不稳定”的评价。

观察身边的朋友，有时觉得蛮有趣的。

那些将“我不好惹”贴在脑门上的人，往往是最好相处的一群，你清楚地知道他们的底线之所在，而在底线之上的交往则非常安全。反而是那种看起来没什么性格，面上总是一团和气的人，特别难打交道。

跟他们交往就像是在玩儿扫雷游戏，在点开那些小方格之前，你不知道最危险的地方在哪里，可一旦触碰了雷区，立刻就会引发大规模的爆炸，里子面子双双受伤。

你觉得莫名其妙 ：“平时不也是这样的吗？怎么偏偏今天发飙？”

他们觉得委屈不已 ：“我忍你那么久了，为什么还要一而再再而三地挑战我的底线？”

可问题是，一个人的情绪和感受，永远无法通过隐忍和退让来让对方知道。

我是一个非常在意时间的人，每次跟朋友约饭，如果对方没有按时来，我就会非常烦躁，见了面自然也没什么好声气，可那些迟到的人却也常常觉得我莫名其妙。

“我不就是迟到了十分钟吗？你也至于？”

对啊，看上去的确是有点小题大做，所以我只能自己忍着。

但情绪有时就像调皮的地鼠，你从这个洞里把它压下去，它又会从另一个洞里冒出头来，弄得我自己很痛苦，而对方的感受也好不到哪去。他并不知道是什么惹恼了我，只觉得我这个人难以讨好又吹毛求疵。

于是后来每次跟不熟悉的朋友出去玩儿，我都会提前老老实实地告诉他们：

“我这人有个坏习惯，一旦有人迟到我就会特别焦虑和暴躁。明天请你准时一点。”

这句话听上去挺奇怪的。但神奇的是，当我讲出这句话之后，几乎没有再等过任何人。

那些总是迟到的人，其实并不是要故意迟到来惹我生气的。

他们只是以为我也像他们自己那样不在意时间，一旦确认了我的介意，他们就会在跟我交往的时候做出调整。

早起半小时，早出发十分钟，其实并不是什么难事。

最难的部分，在于了解。

认识的一个小姑娘跟男友异地恋，两人常常因为女孩儿觉得“你不关心我不够爱我”这种事吵得不可开交。

她来找我诉苦：

“想让他说两句情话，他说我幼稚。

“想让他把我们的合照设置成朋友圈封面，他说我无聊。

“我知道他忙，可我要求得也不多啊，每天给我打个电话聊上十几分钟很难吗？可他就是做不到，还说我作。

“跟他在一起，我觉得自己的一切感受都是错的。”

这也太渣了吧，趁早分手。在她让我看他们的聊天记录之前，这句话差点就破口而出，可看了几句他们的对话，我却忍不住有点同情那个男孩儿。

她表达感受的方式是这样的：

“我们公司张姐的老公又给她买了一条施华洛世奇，你说你，钱没赚到就算了，让你每天陪我聊会儿天都不行……”

“你肯定是嫌我没你前女友好看才不发朋友圈的，对吧？我就知道你还没完全忘了她……”

我作为一个局外人，只是看着这些聊天记录都觉得头皮发麻压力山大，更何况是身处关系之中的那个人。

很多人在表达情绪的时候都会陷入这样一个误区，总是把“你”当作句子的主语，而把“我”放到了非常被动的位置上。

要不是你……我能……

你这样让我特别难受……

你能不能不要……

他们以为自己在表达情绪和感受，可听到这些话的人，则会把这些话当作攻击，于是他们也会本能地反驳：

“是你小题大做了吧，谁知道你这么玩儿不起，我又不是故意的，你至于吗？”

然后两个人的对话就由交流感受变成了证明“我对你错”的论战。

而最有效的交流方法，往往是以“我”来开头的，比如：

“我感觉你好像不太关心我，所以有点难过，我希望每天都能接到你的电话，这会让我感觉你还是在意我的。”

甚至可以带一点自嘲：“我这人玻璃心啊，你们都别跟我开这种玩笑，不然我玻璃心碎一地你给我捡吗？”

诚实地表述自己，但不要把感受变成对他人的攻击。

最好的关系，从不靠活埋情绪。

你退场的姿态，就是你的格局

一个做新媒体的小朋友刚离职不久，在微信上拜托大家帮忙问问有没有合适的公司，想尽快入职。

我跟小姑娘打过两次交道，觉得她做事认真，能力也不错，就把她推荐给这段时间合作的一个平台。他们很快对接上，小姑娘欢欢喜喜地准备坐收入职通知，可那家平台的负责人却偷偷来找了我。

对方一开口就是致歉，说小姑娘很优秀，但跟他们公司的定位不大吻合，所以很遗憾不能录用她。

这明显是个搪塞的借口，在我再三的追问下，那位负责人才发了几张图片给我。

那是小姑娘吐槽前公司的朋友圈：

“天天晚上干到九点周末单休还要加班，十一点老板还要夺命连环 call，完全没有自己的生活，这不是工作，这是卖身！”

“不就是弄错了一个文案吗？还要扣我钱，这公司是穷疯了吧。”

“老员工甩锅新员工挨骂，呵呵，这就是我们公司的文化。”

连着好几条，都是她离职之后发的，点赞的人不少，有人在留言里打听那家公司的名字，她也毫不遮掩，如实相告。

“你也知道我们这行，本来做的就不是钱多事少离家近的工作，加班挨骂熬夜还不是常态？她要哪天从我们公司走了，是不是也得在朋友圈把我们骂一通？”那位负责人无奈地叹了口气，“为了招一个人，坏了公司的名声，这责任我担不起，请你见谅。”

我表示理解，同时委婉地提醒小姑娘，最好能删掉那几条朋友圈，或者改成仅自己可见也行。

没想到她却回得理直气壮：“凭什么呀？我反正都走了，受了那么久的气，说说还不行？”

对啊，反正都走了，没人能骂你了。

可是说了又能怎么样呢？除了吓走潜在的雇主，难道还能等到前公司的一句道歉不成？

一个做互联网的朋友，从毕业开始就在一家创业公司卖命，跟着老板一路从三个人的临时组合打拼到如今上百人的团队，漂亮地完成了很多个盈利的项目。

去年年初，公司拿到了第二轮风投融资，开始商量股权分配的问题，可是于公于私都该属于他的那一份，却无端地缩了水。

不是不委屈的，他跟老板沟通了几次未果，正好猎头公司手上有一份更好的聘用书，他便决定跳槽。

有次我们吃饭，席间有同行的朋友听说了他的遭遇，纷纷替他鸣不平。有人支招让他把公司的机密文件拷贝一份，作为自己去新公司的投名状，有人主动提出在微博上替他曝光这家公司，让他趁早搜集一些对自己有利的证据资料，到时候来个漂亮的反杀。

可无论大家怎么说，他始终摆手拒绝，说："我一毕业就进公司，从什么也不会到现在能独当一面，也是公司给我的平台和机会。虽然这样走了很遗憾，但也算是互相成全吧。"

他将所有与工作相关的文件归档整理好，手把手地跟继任的小姑娘做好交接之后才走。

他走的那天，老板专程追出来递给他一个沉甸甸的大红包，他也笑着接了。

那一点钱比起他应得的股权不过九牛一毛，可那也不仅是钱，还是一个人的歉意和另一个人的成全。

他本可以大闹一场，可以抹黑公司，可以报复性地格式化那个存有很多原始资料的电脑，甚至可以像电视剧里上演的那般具有戏剧性，当众打开红包把钱甩到老板的脸上狠狠地出口恶气。

可那除了证明他是个睚眦必报的小人，又有什么用呢？

他在新公司顺风顺水，几乎是以开火箭的速度做到了部门总监，有次跟公司的 CEO 吃饭，感谢对方一直以来的提拔，而 CEO 一笑：“你知道吗？一开始我其实并不敢把这么多东西交给你，是 ××× 拍着胸脯跟我说你没问题，××× 那是什么人啊，能让他说好的人，肯定得非常好才行，所以才让你试试的，你果然没让我失望。”

而 ×××，就是他前老板的名字。

这两句简单的对话，让他惊出一头冷汗。

原来 CEO 跟前老板是认识的，原来他们真的会在背后谈起他。

每个行业的圈子都比你想象中的要小得多，正是因为如此，离开时才更需要体面。

前段时间看世界杯，被日本刷了一波好感。

日本队在跟比利时队的比赛中落败，止步八强，遗憾地离开了世界杯的赛场，镜头扫过日本的观众席，一片悲风苦雨。

可遗憾过后，他们还是坚持清扫了自己坐席前的垃圾才离去，而日本队更是将更衣室都清理得干干净净才走，并用俄语在更衣室中留下一张小纸条：谢谢你。

我自认为不是个粗心草率的人，每次无论是看电影还是听讲座，总能记着带走手边的所有垃圾。

但也有例外的时候，有次趁着出差的空当去看了一场电影，身后一直有小孩子吵闹，电影院里冷气也开得不足。熬完那场又闷又吵的电影，散场时看到前排被遗弃的很多垃圾，我也索性将自己手上的零食包装放在了凳子下方，心里恶狠狠地想：以后再也不会来这家影院了。

因为再也不会来，所以才会生出不必负责的轻慢。

我是那种因为“反正不会再相见”而难免懈怠的人，可有的人，却是因为“反正不会再见”而更加认真地对待离别。

离开，仅仅是不再相见而已吗？

或许，那也是你能留给别人的最后，也是最好的印象。

它比第一印象，更能证明你是谁。

我的一位女友从小学芭蕾舞，老师教她们谢幕：脚尖要微微踮起，身体左倾 30 度，鞠躬抬头微笑眨眼，就连挥手的幅度都有要求。

她不耐烦，屡屡在退场时随便摆个 pose 就算完事，被老师拉出来特训谢幕三十次，她委屈巴巴地辩解：

“大家都等着看下一个表演呢，谁会注意我们谢幕的姿势好不好看。”

而她老师的那句话，她记了二十年：

“如何上场，靠的是本事，可如何退场，靠的却是态度。”

是啊，入场的时候，谁不是春风得意踌躇满志，恨不得将最好的自己端着捧着展示给人看。可退场的时候，却往往难免因为不会再见、不必负责而生出懈怠和轻慢。

对于大多数人来讲，那并不是不可为，而在于愿不愿意做。

你离开时的姿态，就是对自己最好的证明。

是否愿意在别人看不到的地方下功夫，才是一个人的素养之所在。

那是一个人的选择，更是一个人的格局。

正如《史记》中的那句话：

善始善终，善作善成。

成人式崩溃：熟人面前强装笑，不到夜深不敢哭

小侄女在游乐场摔伤了腿，被爸爸背回家，刚一进家门立刻就号啕起来，分散在厨房里、阳台上和书房中的我们立刻围拢过来，你一言我一语地安慰她，小姑娘却哭得愈发大声。

她腿上的伤口不大，走了一路早已不流血了，可这会儿却哭得像个小泪人，谁也劝不住。

背她回来的哥哥又好气又好笑，问：“你刚刚摔倒没有哭，一路回家也没哭，为什么回了家反而哭了？难道这会儿比刚才还疼吗？”

小姑娘眼泪汪汪，一边抽噎一边答得理直气壮：“刚才哭有什么

用？他们又不认识我。”

全家人爆笑。

对啊，别人又不认识她，看见她受伤也不会心疼，看到她哭也不会安慰她，所以她憋了一路的眼泪，就是为了回家来讨个关心啊。

我把这件趣事讲给一位好友听，她听完却长叹一口气：“真羡慕小孩子啊，可以这么坦然地在亲人面前伤心，到了我们这个年龄，连哭一场都得避开熟人。”

我们认识很多年了，她早先常常在电话里崩溃大哭。可这几年来却稳重平静了很多，即便有时还是难掩哽咽，但再也没有像之前那样哭到说不出话来。

我一度以为那样的冷静自持是一个人的成长，可她说了这句话之后，我才忽然想到另一种可能。

她只是不在我面前伤心了而已，可在我看不见的那些深夜和陌生的街头，她一定也痛哭崩溃过。

是从什么时候开始，我们不再像小孩子那样专程去挑与自己相熟的人诉苦了？我们变成了一个表面波澜不惊，喜怒不形于色的大人，再难再苦的事情，也只会自己躲着悄悄哭。

我刚刚写公众号的时候只有一点点读者，有次收到一条留言，说自己被相恋四年的男朋友劈腿，忍不住一边想他一边恨他，整个人像是被撕裂，每晚都痛苦得睡不着觉。

那不是一个提问或者求助，更像是对着一个陌生的树洞随意的倾诉，而我看着那条留言，却忽然发现对方的头像和昵称都特别眼熟。

那个女孩儿不就是跟我只隔了一个过道，每天低头不见抬头见的同事吗？

可她哪里像是失恋了的样子呢？照常来上班，照常跟大家玩笑，照常发朋友圈，除了多了黑眼圈少了点笑意之外一切如常。

她留言里的痛苦，仿佛来自另一个人。

可我能理解她，在大家面前说出来，哭一场又能怎样呢？成年人的世界本就是甘苦自扛，或许真的有人会为你难过一会儿，可对于大多数人来说，那不过是茶余饭后的一个话题而已：

“哎你知不知道，那个小L最近失恋了，怪可惜的啊，听说两人好了几年了呢，怎么说分就分了啊？”

比起失恋本身的痛苦，他人夹杂着同情的看热闹的神情，探究的眼神和八卦的语气，才是最不能承受之重。

一个相熟的姑娘跟我讲起自己在办公室崩溃的经历，也是因为失恋，在全部门的例会上狠狠地哭了一场，结果第二天大家看她的眼神都有点怪怪的。

并不是嫌弃的那种怪，相反，更像是太过温柔的迁就。

她们默契地不在午饭时聊任何情情爱爱的话题，坐在她背后的大姐甚至体贴地藏起了自己桌上的结婚照。有位同事在午饭时不小心秀了一句恩爱就立刻被周围的人用眼神制止，而那位同事也立刻恍然大悟，尴尬地对她说了句对不起。

听上去蛮温暖的吧？可当太多的温暖堆在一个人的心里塞也塞不下的时候，就会转化成莫名的烦躁和压力。

“就好像因为我在，其他人就得压抑着自己的心情一样。可我不需要她们这样做啊，她们这样顾着我，我真的压力山大，但是人家也是为我好，我总不能不识好歹地说你们别管我吧？”她说，“真的，这比失恋带来的烦恼多太多了。”

一群人的小心翼翼，一个人的如鲠在喉。

那是她最后一次在人前哭，之后所有的崩溃，都发生在四下无人的深夜或洗手间里。

这或许也是越来越多的人选择独自崩溃，或是对着陌生人流泪的原因吧。

因为没有听众，或者不知道听众是谁，就不需要担心该如何去调整与他人的关系。

我没有回复那位同事的留言，也没有在她面前提起过。我们都在默契地假装一切都好，她假装没有发生，我假装毫不知情。她在午饭时莫名地红了眼眶的时候，我也会打个哈哈“你最近看韩剧入戏太深了吧”，帮她把话题岔过去。

后来，她又交了新的男朋友，又开始化妆，开始穿颜色鲜艳的连衣裙，开始在办公室大笑。她大概已经不记得了吧，自己曾经在深夜无措地对着一个陌生人倾诉过。而我则默默地把她拖进了公号的黑名单，这个世界太小，而我永远永远，也不希望她发现那个人是我。

一个人选择悄无声息地崩溃，已经是最后的体面，而我帮不了什么忙，能做的只剩下成全。

网上有这样的一句话：

成长，就是把哭声调成静音的过程。

不是因为不再轻易难过了，而是懂得了自己的伤心无须他人的同情来安抚，也无须他人的劝慰来平息。

没有什么是偷偷哭一场解决不了的事，第二天依旧得披甲上阵，赤手空拳地去面对那魑魅魍魉。

毕竟，过了今天，明天又是新的一天。

你死不认错的样子真可怜

跟朋友去吃火锅，身边坐着一家人，有说有笑十分融洽，小姑娘六七岁的样子，才吃了两口就闹着要去门口的儿童乐园。

服务员带着小姑娘出去，没到半个小时就垂头丧气地把女孩儿牵回来，身后还跟着一个抹眼泪的小男孩儿。

小男孩儿的爸妈气势汹汹：“你女儿把我儿子从滑梯上推下来，你看，胳膊都磕红了。”

“真的是你推的吗？”小姑娘的父母立刻向女儿求证。

小姑娘一开始不说话，被问了好几遍才承认：“我就是想吓唬他一下，我不是故意的……”

还没等男孩儿的父母开口，小姑娘的爸爸就一把把她推出去，口气无比嫌恶："你，快给弟弟道歉，怎么一点分寸都没有？自己做的错事自己承担。"

然后……这对夫妻就继续平静地往锅里涮肉了。

那男孩儿本就没受什么伤，看见小姑娘也哭成了泪人，他父母也不好再说什么，只象征性地叮嘱了女孩儿两句"以后打闹要小心点"就带着男孩儿离开了。

这一遭闹的动静不小，就连坐在远处的顾客也站起来张望。小姑娘带着满脸泪站在原地，又是委屈又是尴尬，无措得手脚都没处放，可她父母就是任由她窘迫了好一会儿才厉声开口："让你不听话，你以后犯错我们都不管，就让人家打你骂你。"

"呵，这么凶，这小孩儿以后还敢认错吗？"跟我一起吃火锅的朋友吐吐舌头。

认错了又是挨骂又是挨打，要是下次她再有失手，估计是死也不会认了吧，反正儿童乐园又没有监控，不认的话反而能逃过一劫。

我在一篇文章中看到过这样的一段话：

做错要承认，挨打要站稳，能做到这句话的人大概都是很幸福的。他们有站稳的底气，因为还有人在关心他们挨了打疼不疼，支持他们改正错误继续往前走。

他们永远都不知道一个人孤军作战是什么感觉，那是一条永无

止境的高空绳索，必须时刻战战兢兢，必须时刻保持正确，你做得好，没有人为你喝彩，但一旦犯了错，就会被全世界唾弃，跌入万丈深渊。

我大学的时候有位同学，叫她Y吧。我们加入了同一个社团，又是同班，每天同进同出，关系好得像是连体人。

大一结束的时候，社团要办一个年终party，我和Y还有另外的两个女孩儿一起负责组织工作。总共几十号人，从形式到场地再到活动，样样都要费心，还要避开每个系每个年级的期末考时间，我们又是兴奋又是紧张，筹划了好几周才敲定了所有细节。

但执行计划时还是出了小纰漏，Y在给大家发短信通知的时候不小心把南楼写成了北楼，等发现的时候离party开始只剩下了十几分钟。

Y赶忙又发了一条信息，可还是有好些人没回复。大家商量着派一个人过去那边守着，见到来参加聚会的人就把他们带到这边来。

“那Y你过去吧，就当补过呗，可别把谁落在那边了。”一个女孩儿笑嘻嘻地说。

就是这句半开玩笑的话让Y发了很大的火：“我补过？我发错了地点你们不是也没发现吗？怎么就是我一个人的错了？再说了，那天我编辑短信的时候你一直在跟我说话，不是你捣乱我能发错吗？”

眼看她们就要吵起来，我和另一个女孩儿急忙充当和事佬，最后决定由我和Y一起去接人。一路上Y都在跟我数落那个女孩儿的不是，外加翻来覆去不过是一句“我没错”。

说实话，短信上的一字之差根本就算不上什么大事，可Y不仅死不认错，还百般狡辩甩锅给别人，让我对她的反应有点寒心。那天之后，我便开始慢慢疏远她，等到了大四，我们已经成了见面只会点点头的普通关系。

我曾经一度把她这段甩锅的往事当作人品问题，可后来想想，却也挺为她难过的。

她大概从来没有被原谅过吧。在她小的时候犯了错，她父母是不是也会像我们在火锅店遇到的那对父母一样，既不顾惜她的尊严，也不接受她的解释呢？

大概从没有人跟她说过一句“错了也没关系”吧。

别人做错了总有人会兜底，可对于她来说，那就是万劫不复。

通用电气的传奇CEO杰克·韦尔奇在自传《赢》中讲过这样一句话：

> 不允许员工犯错的企业是没有未来的。一个好的管理者看到员工犯了错误，你不仅不能对他发火，还要去安慰他，并且让所有人都知道你的态度。

根本就没有任何一个人能够做到完美，企业越是对犯错的员工严苛，大家就越不敢犯错，万一不小心犯了错就只能想尽办法藏着掖着，作假，串通，甚至不惜用一个更大的错误来掩饰自己的失误。

哪有人天生就害怕认错？不过是被罚得太狠太多，才会视之如同水火。

正如武志红老师写过的那句话一样：

所谓认错，也是要有容错空间的，如果一个人一认错，得到的反馈全是：你错了，你该死，那么认错就是一件极其糟糕的事情。

越不被原谅就越偏执，越偏执就越不愿意认错，直到陷入一个恶性循环，眼睁睁地看着自己沉下去，再也回不到当初。

而一个人真的会因为自己的错误没被批评就心生侥幸，破罐子破摔吗？

他只会因为自己得到了理解，而努力想要做得更好。

体面，才是一个人终极的成功

前几天跟一个大三的小姑娘聊天，聊到一个挺沉重的话题：

这世界上到底有没有干净体面的成功。

她跟我讲了学校学生会里的钩心斗角、爬高踩低，讲了开学时辅导员桌子旁大包小包的礼物，讲了社团平时看上去最温柔无害的女孩儿怎样利用别人的矛盾煽风点火，自己尽收渔翁之利。

然后有点绝望地问我：“是只有学校里这样，还是职场也如此？”

我看着她那一句话想了很久，最终还是诚实且未能免俗地回复了一个“always”。

她立刻发过来好几张哭脸，说：“难怪人家说，成功要是有性别，它一定是母的，因为它不公。”

勤奋肯干拼不过舌灿莲花；

做好百件事不如讨好一个人；

掏心掏肺地对一个人好，那个人却能为了上位转身就把你踩在脚底。

而最让人心寒的是，当那些人积累够了原始资源，一跃成了世俗意义上的成功者，周遭的鄙夷立刻就会转为赞美，那成功的金身足以将一个人手上的肮脏全部洗掉，换来一些人的顶礼膜拜和另一些人的心灰意冷。

认识一个男生，他朋友的朋友玩儿的一手好厚黑，在波诡云谲的老牌国企里也能混得风生水起。

因为关系不近，生活里也没有太多交际，我们的对话坦诚又直接。

我问：“你坑过别人吗？”

他答：“像我这种又没钱又没背景的普通人，站稳脚跟都很难，更别说往上走了，你不去坑别人，别人也会来搞你。”

环境就是这样，很多事，只是不得已。

在见面之前，我就早已听说了有关他的一些事情，比如他是怎样以一个普通职员的身份迅速爬升为老板的亲信；比如他是如何花式拍马在办公室里八面玲珑；比如在评级升职的档口，他是如何“不小心”地让老板看到微信的聊天记录，挤掉了强势但耿直的竞争对手。

那是很多有背景有靠山的人都无法企及的成功，因此，我想象中的他一定也是春风满面、扬扬得意的样子。

可恰恰相反，他更像一个不开心的中年人，客套、俗气又小心翼翼地揣摩每个人话里话外有没有弦外之音，大家聊起工作都兴致勃勃，唯有他一听到工作的话题就头疼，早早就窝在一边玩儿起了手机。

因为所有的精力和心血都被消耗在权势的角斗场上，所以生活中才只剩下筋疲力尽。

那天聚会的八个人里，只有他，年纪轻轻就身居高位，月薪傲人；但也只有他，已经有了油腻的啤酒肚，头发也稀疏，开始露出地方包围中央的痕迹。

我不知道有多少人会歆羡那样的成功，却无端想起新世相的公众号里发过这样的一个问题：

如果通向成功的那条路很窄，又很脏，你走不走?

走了，是马入夹道，不走，是坐以待毙。

无论怎么选，都是被动地接招，而被动，就意味着不快乐。

前段时间看了一本小说，叫作《在不安的世界安静地活》。书里的女主人公林墨一步一步地建立中国最具影响力的时尚杂志品牌，经历过版权争端、朋友交恶、尔虞我诈之后，自己也成为了集团权力斗争的牺牲品，被迫离开公司另谋生路。

她走的时候，很多合作伙伴和下属都顶着新任老板的压力来跟她告别，而她讲了这样的一段话：

这是一个不体面的世界，你要想在这个世界长长久久地立足下去，唯一的办法，就是让自己体面地活。在我们这个行业，不体面能活吗？能！这圈子里翻脸快，脱衣服更快的女主编多了去了，可那只是挣钱，那不是成功。

钱能为你买到大房子，大车子，大皮草，让你往那儿一站金光闪闪，但如果不能成功，钱挣得越多你就陷得越深，因为你知道，哪儿哪儿都是人背地里咒骂着你，等着看你笑话，你根本不能自由，除了抓住眼前的一切死不放手，你别无他法。

你抄过捷径，你登上顶峰，但你在途中失去的东西，有时要用一生去还。

吴晓波老师在《大败局》一书中，写到了太多这样的案例：

“空手道”高手牟其中试图用满嘴大话和空头支票骗取投资，最后所有的目标无一实现，自己也锒铛入狱。

姜伟的飞龙公司作为一家保健品龙头企业，竟将一家他国公司的发明性商品的“汉字译音”抢注为自家的商标，钻品牌的漏子以抢占市场，不出三年便一败涂地，公司也随之解体。

巨人公司斥巨资抹黑竞争对手娃哈哈，同时罔顾科学依据，不断夸大自家保健品的服用效果。当年年末就不得不召开新闻发布会公开向哇哈哈道歉，因为官司缠身，最终成了强弩之末。

有时候觉得成功真像是一门玄学。

开始时靠手段，然后靠才华，可到了最后，拼的却是人品和格局。

缺乏手段和才华，可以借时光和机遇可以来弥补，可若是丢了格局，就早已注定了最后失败的结局。

你是挖空了心思去争权夺利，还是绞尽脑汁地提高自己，心思花在哪儿，精力用在哪儿，回头看去，每一步都有迹可循。正是那些不起眼的举动和选择，决定了你最终的能够达到的高度。

正如《银魂》中所说的那样：

一旦迈出第一步，爱也好，恨也好，都只能用战斗来表达，眼前出现真心想要的东西，也没有了可以拥抱的手臂，只能伸出利爪。

这才是成功最大的公平。

一个人走向独立，
是从学会放弃父母开始的

前几天跟一个姑娘聊天，挺感慨的。

她是家中独女，毕业后留在上海，父母留在家乡的四线小城里，每天以跟邻里亲戚打牌为乐，二老自觉十分充实，她却已经在家生了好几场气。

“他们养老金本来就没多少，每个月还要在牌桌上糟蹋，自己节衣缩食的，我看着也难受。那我每个月不得给他们贴补啊。我工资也没多少还得租房子，他们怎么就不为我考虑一下呢？

“也不是不让他们娱乐，我早早地给家里换了彩电，买了智能手机，他们为什么就不能像其他老人一样，看看电视、刷刷手机、跳跳广场舞呢？”

我反问她：“他们每次输了都会问你要钱吗？”

她想了想：“那倒也没有，老人家的牌局输赢不大，他们自己也负担得起，可我总不能看着他们省吃俭用无动于衷吧。”

就为这事，她跟男朋友也吵了一架，男友劝她少管家里的事，她却觉得他不体谅自己对父母的孝心。这些愤懑兜兜转转地落到了一个问题上：

如果他们不打牌，那该有多好。

于是她更加频繁地回家，每次回家都会更激烈地跟父母吵闹，他们之间的关系越来越紧张，可她父母对牌局的兴趣，却没有减少的迹象。

她无计可施，来找我求助，我帮她分析：

“你父母虽然爱打牌，但其实并没有造成任何超出承受能力之外的损失，老年人本来对吃喝要求就不高，花钱买个开心也未尝不可。他们既然没向你开口，你又何必一定要主动给钱，把自己弄得那么紧张，落个出力不讨好呢？”

“对，我也知道是这个道理。”她秒回，“但我真的做不到。那是我爸我妈，明知道打牌不好，我怎么能不管他们呢？”

这句话让我一瞬间有点出戏。

那太像是一个母亲对孩子不厌其烦的教导了吧。

别跑太快；别吃甜食；别跟同学打架；别跟那个 ××× 玩儿，别学那个没前途的专业；别跟 TA 结婚……

那也全都是“为你好”啊，你又欣然接受过吗?

曾经绑架过你的，又被你无意中拿来束缚他们，不知不觉间，听话的和说话的两方，早已做了颠倒。

美国心理学家 Frank.S.J 曾经提出过这样一个概念：

一个人想要走向独立，不可缺少的第一步是对父母的“去理想化”。

这个概念有以下三个延伸：

1. 知道父母并不是全知全能的，他们有缺点也有优点

我们在童年时就能模糊地认识到父母的局限，比如妈妈不会弹钢琴，爸爸也摘不来天上的星星。

但这种认知很容易走向另一个极端。当我们意识到父母并不是“全知全能”后，往往又会觉得他们“啥也不能”。

没有 A 的父母那么有钱，没有 B 的父母那么有文化，没有 C 的父母那一口流利的伦敦腔。

这种嫌弃往往会以一种自卑的形式呈现，久而久之，就会演变成一种自毁性的戾气：反正我也没希望了，那还是别努力了吧；他们也没什么了不起，不过就是有个好爸妈。

如果一个人迟迟意识不到父母的缺点，他就永远长不大，但如果一个人总是看不到父母的优点，那他也无法成为一个独立的人。

2. 允许自己无法满足父母的某些要求

电影《百万美元宝贝》中有这样的一个情节，热爱拳击的女主角拿到了艰苦比赛的高额奖金，她欣喜地用这笔钱给母亲买了新房子，满心想着要给她惊喜，却没想到母亲在环顾四周之后忽然气急败坏地说：

“你知不知道，你买了这个房子我就拿不到政府的低保补助了。”

女主角拿着钥匙的手颤抖了几下，原本的欣喜雀跃迅速蜕变成黯淡绝望。

我们中的很多人也是这样的吧，将自己的情绪甚至努力的意义都寄托在父母的评价反馈上。

得到了赞扬就喜不自胜，可一旦没有得到想要的反馈，就会立刻感到怅然若失。

而走向独立，就意味着你要为自己的情绪和生命负责，意识到自己无论多么努力也无法满足父母所有的期望。

即便他们没有给予你正面的回应，也不会让你所做之事的意义减少半分。

我认识的一个姑娘就做得特别好，她是复旦金融系的高才生，还申请到了华盛顿大学的全额奖学金，可研究生毕业之后，她并没有如父母所愿进入投行、咨询公司这种高大上的企业，而是跟男友一起跑去南非支教，还创立了一只慈善基金。

她父母气得要死，觉得她特别丢人，让他们在拼孩子的同事熟人面前挺不起腰板，每次打电话都是一顿从头到尾的数落，甚至还以断绝亲子关系苦苦相逼。

说真的，做慈善的压力并不小于做金融精英，我为她能扛得住这些艰难困苦和冷嘲热讽敬佩不已，直到有次在她朋友圈看到一句话，忽然就明白了她的通透。

“如果我没办法让父母满意，那就让我自己满意吧。感谢父母给了我生命，但是我不只是为他们而活。”

3. 接受父母的世界不是围绕你而转的

有不少读者问过我这样的问题：

“我爸妈吵架了，我该怎么劝劝他们呀？”

“我爸好像有外遇了，我要怎样才能挽回他跟我妈的感情？”

“我不想让爸妈离婚啊，怎么办？”

这些问题听起来蛮心酸的，不用细想就能感觉到屏幕那头的心急如焚。可我也只能铁石心肠地回一句：

“不要管，除非有一方动了粗，除非他们主动来问你。”

这天下没有任何一个孩子愿意看到父母吵架、争执乃至离婚。但在婚姻中，孩子是局外人，夫妻双方才是婚姻的主体，他们选择用什么方式相处，选择延续这段感情还是结束它，都是那两个主体的选择，而不是孩子的。

有的小孩会用“你们再吵我就离家出走”“你们敢离婚我就跳楼”之类的威胁来逼父母就范。这种方法在短时间内会奏效，可然后呢？

等你走出家门，有了自己的生活，甚至也成了家之后，你还有那么多精力来管父母之间的事吗？而他们又如何来应对那些曾被你狠狠压住，却从来没有机会被解决的矛盾呢？

你的世界里不止有父母，他们的世界里也不止有你啊。

除了是你的父母，他们也是谁的丈夫，谁的妻子，谁的挚友和谁的牌搭子。

就像他们曾经放过你一样，也请“放弃”他们吧。

付出关心，也给予自由，允许他们闯些小祸，但也有能力踩下刹车，让他们开心地做自己，而不是你所期望的那个人。

因为最好的关系，从来不是捆绑与约束，而是互相守望，彼此独立。

我是个年轻人，我过得不开心

想让一个年轻人开心，好像越来越难了。

房价涨了，连带各大一线城市的房租也水涨船高，生活质量不进反退，生活窘境就快要从买不起质变成租不起了。

挤不上地铁一号线，每个周末都在加班，跟不喜欢的同事虚与委蛇。

老板总是在九点之后打电话安排工作，准备考证的教材永远没时间看，顶着几千月薪熬出的熊猫眼，在公众号上又看到同龄人融资一个亿。

就连再小一些还在上学的年轻人也一样，我在公号后台收到过太多的“不开心”，有关失恋，有关成绩，有关同学口角，有关亲子关系。

这一届年轻人好像什么都有了。

有淘宝，有微信，有外卖，有专车，有各种能帮你消磨时间的 APP。

但我们好像有什么也没有。

没钱，没爱情，没目标，没动力，也没安全感。

当林林总总的“有”遇到空空荡荡的“无”，就像是一缕热气飘散在雪地，又像是一颗糖融化在浩瀚的大海。

幸福和快乐也是有过的，但总是不够。因为我们想要的是所有，我们在乎的是一切，我们好像过得还不错，但我们不开心。

前段时间出差，在飞机上遇到一个小姑娘。女孩儿很年轻，最多也就十八九岁的样子，刚起飞没多久，就毫无征兆地开始痛哭。

她哭得那么伤心，鼻涕眼泪齐流，连肩膀都在颤抖。我跟邻座的一个姐姐连忙安抚，小姑娘痛哭半晌，开口时仍然忍不住抽噎：“我最喜欢的 CP 刚刚分手了，我喜欢他们好几年了，好难过啊……”

那一瞬间，我仿佛从邻座的姐姐脸上看到了被雷劈中的神情。

“还以为多大的事儿呢。”她摇摇头，迅速调整好座椅，从背包里掏出电脑开始运指如飞。我用余光看到她打开的文档，上面有密密麻麻的数字和金融术语。

而那个痛哭过的小姑娘，还在事无巨细地跟我科普自己喜欢了多年的那对 CP，说着说着还忍不住唉声叹气："他们怎么就分手了呢？为什么就没能走到最后呢？"

而我坐在这样的两个人中间，无端想起了我刚刚毕业，每天都特别累又特别丧的时候，有位前辈跟我说过的一句话：

"能丧就丧吧，就连不开心，也是年轻人的专利。"

怎么不是呢？

只有年轻人才敢把七情六欲都挂在脸上。

为了一场考试掉泪，为了一两句话赌气，为了不知道喜欢的男生有没有注意到自己的新发型而惴惴一整天，为了涨五百元的房租在朋友圈哀号。

那的确是十几二十岁的专利啊。

你能想象林黛玉到了三十岁的时候还动不动对花落泪、对月伤心吗？

那种敏感而易碎的七窍玲珑心，只是年轻人的标配。

一旦过了二十五，脆弱就是错误，敏感就是矫情，交不起房租叫活得失败，在意别人的反应叫作幼稚。

用不着别人议论指摘，到了这个年龄，你自己就会点醒自己。

因为成年人不是那样生活的，他们的武器是独立，是坚强，是实际，是满不在乎到几乎没心没肺的佛系。

当一个人开始学会用“关我屁事”和“关你屁事”来衡量一切的时候，他就已经告别了那个不开心的自己。

不会再因为一次的输赢而懊恼，不会再因为老板的一句话而忐忑整晚，不会再因为自己在朋友心中排不到第一而耿耿于怀。

你的生活已经没有容纳这些小情绪的空间了，你还有开不完的会，加不完的班和做不完的 PPT。

你总会明白叹气没用，唯一的出路在于解决问题。

我喜欢韩松落老师写过的那句话：

一个人年轻的标志就是在乎。在乎一场演出的胜负，在乎掌声，在乎自己在舞台上好不好看，在乎自己喜欢的东西有没有得到别人的肯定，在乎夏天有没有看到萤火虫。

他们在乎的对象其实都很小，很不起眼。但在年轻人那里，那就是天，每一次在乎未遂都天崩地裂。

你看，就连为了一点小事崩溃，那也是年轻人的权利。

成年人怎么敢崩溃？你的肩上，扛着所有的生活。

所以，趁还年轻时，不开心得更理直气壮一点吧。不要急着摆脱它，也别总是因为不开心而怀疑自己。

那些不开心的时刻，才恰恰是你与生活搏斗过的证据。

后来的那些坚强、那些执着、那些独立与洒脱，其实都是不开心的产物。

就像里尔克《写给青年诗人的信》中写到的那样：

让你觉得难熬的都是那些时刻。

那些新的，陌生的事物侵入我们的生命，我们的情感蜷伏于怯懦的、局促的状态里，一切都退却，形成一种寂静，于是这无人认识的“新”就立在中间，沉默无语。

可是一旦这些事物迈入你的生命，最难熬的就已经过去了，在未来还没有发生之前，他就以这样的方式潜入我们的生命，在我们的体内变化。

因为所谓命运，就是这样从你的“里面”出来的，而不是从外面向你走近。

我最好的样子，是你爱出来的

哪有谁真的天生卑劣？不过是从来不曾拥有爱和尊严，所以才不懂得珍惜。

我最好的样子，是你爱出来的

前段时间去一个姐姐家做客，因为有点正事要谈，她就让家里的保姆把五岁的小儿子带到客厅去玩儿。她常年奔波在出差的路上，孩子久不见母亲，根本不听保姆的指挥，一次次推开书房献宝：

妈妈你看我拾的树叶；

妈妈你看我折的纸飞机；

妈妈你看，我会把手指掰成这个样子……

刚开始，她还勉强能分出精力敷衍儿子两句，但思路总是被打断确实会让人感到烦躁，当小男孩儿第 N 次冲进书房时，她终于忍不住，沉下脸狠狠地批评了他：

“都告诉你了妈妈在工作，为什么一直捣乱？都让阿明姐姐带你去玩儿了，你怎么还不听话？你这样一点也不可爱，知道吗？”

小男孩儿手里捏着一个橡皮泥做的小动物，脸上的兴奋犹在，嘴角却伤心地耷拉了下来，委屈巴巴地辩解：

“可你都不爱我，我可爱给谁看？”

当他的顺从、乖巧都不为她所见的时候，除了不断地捣乱和折腾，他还能怎样让母亲再多看他一眼呢？

认识一个女孩儿，是超级没有安全感的那种类型，就连跟女性朋友相处，也常常会为了“你说我是不是你最好的朋友”或者“我约了你三次你却没找过我一回”这样无厘头的小事耍性子闹别扭。

她谈过几场恋爱，几乎无一例外的都被自己的小题大做作没了，而这些频繁的失去又加重了她的疑神疑鬼，即便是聚会的时候大家聊到一个她不了解的话题，她也要落泪：

“你们是不是都不喜欢我了？我是不是多余的？”

怎么说呢，女孩子过了二十岁，这样的性格总是不够讨喜的，再浓厚的情谊，也抵不过那一次又一次的抱怨和怀疑，莫名其妙的崩溃与伤心。

后来聚会的时候，大家就开始有意无意地避开她，再后来又心照不宣地屏蔽了她的朋友圈，偶尔有人提起她，也不过是摇摇头，半是无奈半是感慨地叹声气。

就这样了吧，所有人都以为那就是她的一生。

后来她又谈了一场恋爱，男方是亲戚的朋友的亲戚介绍的老实人，两人相处了好几个月确立了恋爱关系。听跟老实人同公司上班的朋友讲，老实人常常把女友的好挂在嘴边，今天夸她温柔大度，明天说她独立坚强。

就是有种情人眼里出西施的滤镜吧，大家笑笑，谁也没当真。

我再次见到这个女孩儿的时候，已经差不多是一年之后了。她跟老实人已经开始谈婚论嫁，两人手挽着手走在街上，看到我们，老远就热情地招手：

“好久不见，一起喝杯咖啡？”

一半为了叙旧，一半出于八卦，我们在一家冷饮店坐下。老实人马不停蹄地帮我们点餐拿甜点，她坐在那儿，笑嘻嘻地看着他跑前跑后。

挺惊讶的，真的。

若是在以前，你要是不先跟她打招呼，她宁可假装不认识你，目不斜视地任你们擦肩而过。

她从前的男朋友但凡敢对席间的哪个女孩儿笑一笑，立刻就会换来她含嗔的泪眼：“是不是因为她长得好看，你就不喜欢我了？”

相识六年，这样的大方和爽朗，眉间眼底的自信与平静，还从未在她的脸上见到过。

像是一只奓毛的猫被捋顺了皮毛，终于收敛了一身煞气，温柔地伏于那人的肩头。

不是不好奇的，几个人开始旁敲侧击地打听他们的恋爱史，她丝毫没有秀恩爱的欲望，只简单地说了几句两个人相识的过程就羞涩地低下了头。

老实人坐在一旁，看向她的眼睛里满是宠溺，轻轻覆上她的手背：

“我女朋友，哪儿哪儿都好。”

我在那一瞬间读懂了她的改变。

他坚定的爱意像是她的盾，让她第一次知道，无论自己跌落何处，都有他的双手来支撑。

当她的好与坏统统落入他的眼中，而他只是默默接受的时候，她就不想坏了，只想做他眼中最可爱的那个人。

我很喜欢的一部电影，叫作《放牛班的春天》。

那是一九四九年的法国农村，音乐家马修去了一所男子寄宿学校当助理教师。学校里风气极差，校长只顾着自己的前途，动辄就体罚学生，学生们早已习惯了校长的残暴，于是变本加厉地顽皮，成了附近出了名难缠的问题儿童。

这个学校中的所有人都陷入了一个怪圈，校长越残酷，学生就越捣乱，学生越顽皮，就越得不到喜欢和尊重。

而克莱门特的出现改变了这一切，他来到学校之后，并没有像校长一样继续用高压的手段来管教学生，相反，他努力地保护着孩子们的自由和自尊心。

印象很深的是这样一个场景：班上的唱歌天才莫朗奇有着最好的声音条件，但却性格乖戾，不仅屡次捣乱，甚至还因为误会用墨水砸了正在和他妈妈聊天的马修。

马修本想将他从合唱团里开除，但是在给伯爵夫人表演的时候，他还是选择让莫朗奇参加了，而站在合唱团中的莫朗奇，眼中头一次流露出了骄傲和喜悦，还有深深的感激。

哪有谁真的天生卑劣？不过是从来不曾拥有爱和尊严，所以才不懂得珍惜。

一个人最好的样子，一定是被爱出来的。

TA 并不是因为可爱才被看到，而是因为先被看到、被接纳、被喜欢，才有力量一点点变成可爱的人。

正如豆瓣上那句热门的短评一样：

人距离天使，只差一步之遥，那叫作被爱的一步，才是人生的真正开始。

后来我遇见许多下雨天，
却再也不会冒雨见你一面

跟前辈公干出差，途中要坐五个小时的高铁，正在聊着最新的提案，被忽然闯进视野的一个男孩儿打断。

男孩儿看上去最多不过十五六岁，还穿着中学的校服，在22℃的车厢里出了满头的汗。兴许是意识到自己的冒失，他往后退了一步才讪讪地开口：

“哥哥姐姐，能不能请你们帮个忙？我女朋友今天生日，能不能在本子上帮我写一句生日快乐？”

我因着那句嘴甜的“姐姐”运笔如飞，前辈却有心逗他：“你女朋友生日，你就准备送她这个？”

他丝毫没听出前辈话里的揶揄，认认真真地回答：“嗯，我准备集齐666个生日祝福送给她，6是她的幸运数字，我已经有了五百多个了，车上的人再帮帮忙，一会儿准够。”

他脚不沾地地前后奔波，遇到一些戒心重不肯帮忙的，还要费尽口舌地解释。我倒水的时候又遇到他，顺口问：“祝福攒够了吗？”

“嗯，终于够了，谢谢你们，她一定会很高兴的。”他说。

顾不上擦把汗喝口水，就忙着从书包里掏出一个精致的盒子，将手里的本子放进去，神情郑重，视若珍宝。

“小孩子真是幼稚啊。”前辈低声揶揄，“还高兴，我真是怕他女朋友被寒碜得要分手。”

我反问他：“那你纪念日一般都怎么过呢？”

“还能怎么过？给钱，买花，五星酒店自助餐，总不外乎这些，我们都这个年龄了，谁还在乎那些虚头巴脑的花架子。”

“那再年轻一些的时候呢？初恋的时候呢？”我追问。

“记不得了。”他沉默了很长一段时间，这么说。

我有个关系很好的女友，上大学的时候谈第一场恋爱，男朋友爱吃葡萄，却嫌葡萄籽和葡萄皮麻烦，于是她每天去水果店里买好水果，一整个中午都趴在桌子上，细细地剥了皮，拿牙签一个个把葡萄籽剔出来。

宿舍里有人午睡，拉着厚重的遮光窗帘，而她就在那漫漫的黑暗里，就着屏幕的一点光，静默而耐心地给葡萄去皮、去籽，剥满一大饭盒。

后来他们没有在一起，一年之后，她遇到了自己的真命天子，谈恋爱的时候不是不甜蜜，就连结婚后也时常在朋友圈里秀恩爱、撒狗粮。

有次我们去她家聚会，买了很多零食和水果，她老公顺口抱怨：“葡萄真是麻烦，皮那么涩籽那么多，真不好吃。”

她斜睨他一眼，顺口说：“就你挑，一会儿我去楼下给你买无核的红提行了吧。”

他老公回她一个腻死人的微笑，我却在瞬间想起那个坐在黑暗里借着屏幕的微光，每天耐心地剥出一饭盒葡萄的小姑娘。

她很爱他，但成年人的爱情里已有了太多的理智、分寸和自我，也学会了“能用钱解决的问题，最好别浪费时间”的真理。

那一夏天的葡萄，大概是她在爱情里做过最投入也最傻的事了吧。

人生那么长，不是学不会放下，不是不会喜欢上另一个谁。

只是我曾给过你的，再也无法赠予第二人。

有次朋友聚会玩儿真心话大冒险，真心话的话题是：你在恋爱时做出过什么疯狂的事情？

有个男生讲起自己的初恋，两人初中同校，高中时女孩转学到了另一个城市，坐火车要四个小时，学生时代两个人都没有多少钱，抠抠巴巴地从早饭里节约着往返的火车票钱。

可攒够一张往返的票需要好几个月的时间，他等不及，于是常常买那种坐到中途站点的票，然后走五个多小时的路去女孩儿的学校找她，在路边聊上一夜，之后再走五个小时的路坐车回学校，赶周一的课。

现在那女孩儿的长相都已经想不起来了，只是觉得那时候的自己真是厉害，走那么长时间的路，熬一夜，回学校还要补作业做卷子。

"现在可是加班两小时都要担心脱发的中年人了，伤不起。"他有点自嘲地笑了笑，"后来也谈过好几次恋爱，一次比一次冷静，有时候觉得是不是缺了点什么，但有时候又觉得，这样平平淡淡才是普通人的生活。"

是啊，我们本是普通人。可第一次动心的时候，却觉得自己是超级英雄。

电影《一天》里有这样一句台词：

我爱你，很爱你，我只是不喜欢你了。

或许就是这样一种感觉吧。

我们依然会为谁辗转反侧，依然能跟谁把酒言欢，依然会为谁洗手做羹汤，依然能跟谁细数日月长。

但再也不会为了谁坐八个小时的火车，不会为了谁叠一千只千纸鹤，不会光着脚冒雨赶去见另一个人。

我们学会了太多种爱：理智的、独立的、成熟的、清醒的，但却无法再像从前那样，炙热而疯狂地去喜欢另一个人。

这是成年的福祉，也是长大的代价。

在网上看到一句很动人的话：

世间情动，不过盛夏白瓷梅子汤，碎冰撞壁叮当响。

后来我们尝遍了世间美味，也早已忘了最初那盏酸梅汤。

你那么好欺负，一定没被爱过吧

张爱玲的《金锁记》里，写了一个叫曹七巧的女孩子。

她是麻油店的女儿，被贪图权势的哥嫂做主许配给了身患骨痨的姜家二少爷。二少爷常年患病，在大家族里地位不高，七巧常被富家出身的妯娌嘲笑，就连姜府里卑微的洒扫丫头都敢对她出言不逊。

大概是明白了周围所有人都靠不住，七巧开始疯狂地敛财炒金，为了黄金，她跟妯娌吵架，跟兄嫂大闹，就连面对心上人姜家三少爷姜季泽时也是斤斤计较，步步算计。

让我印象很深的是这样一个片段，七巧的兄嫂来看她，一边顺手牵羊地从她屋里拿走不少值钱的东西，一边还得意扬扬地邀功：

“我就用你两个钱也是该的。当初我若贪图财礼，问姜家多要几百两银子，把你卖给他们做姨奶奶，也就卖了，你如今哪有这个地位。”

七巧泼辣，当时就跟哥哥闹了一场，但即便如此，她还是给兄嫂送了厚礼：几件新款尺头，一副四两重的金镯子，一件披霞莲蓬簪，一床丝绵被胎，侄女们每人一只金耳挖，侄儿们或是一只金镯子，或是一顶貂皮暖毛，还送了她哥哥一只珐蓝金蝉打簧表。

我几年前第一次看这本小说，有点想不通，那时姜家已经开始没落，又加上兵荒马乱，以七巧一贯铁公鸡的个性，如何舍得拿出这么丰厚的家底？如果只是为了炫耀，那让兄嫂眼睁睁地看着却不让他们得到，难道不是更痛快的报复？

后来闲来无事又翻这本书，看到七巧虽然嘴上说着“不来也罢，我应酬不起”，却还是在兄嫂临走时难忍呜咽，分明有留恋之心，才想通她出手如此大方的原因。

她的一生那样冷酷无情，对丈夫，对姜季泽，甚至对自己的子女都如此，可她却把唯一的温柔与暖意，都给了曾经伤害过她、将她视若交易筹码的家庭。

那是她不能揭过的暗疮，也是她的软肋，是她恨之入骨却又无法割舍的阴影。

我的一个朋友是妥妥的学霸一枚，毕业季聘用书拿到手软，却在众多橄榄枝中选择去南非的一家工厂里做翻译。

她来自遥远的江西农村，家里不算富裕，还有一对兄弟。在上学的时候，她就每个月把打工和实习的大多数收入都寄回给家里——弟弟要交补课费，哥哥跟人打架伤了人要赔钱，怀孕的嫂子需要补充营养……只留下很少的钱自用。

外派不仅补助高，还包吃住，而更诱人的，是签下那一张五年期的合同后，公司会先预支十万元的工资，正好够她家里的老房子翻修。

刚开始她并不想去，南非那么远，她孤零零的一个人，工厂时常有罢工甚至暴动，从职业生涯上来看，这份工作也没有什么可圈可点的加分项。

但她那微薄的坚持，耐不住家里夺命连环 call 的软磨硬泡。

有天我们一起在阳台洗衣服，她手机响了，刚接通就听到她爸的怒吼：“你说说，把你养这么大有什么用？还不如养头猪卖了换钱。”

我找了个借口出去，回来的时候她正在收拾东西，眼睛红红的，说决定要去南非。

这还远远不是结尾，她每次打电话找我聊天都会哭，寂寞、恐惧、单调而高强度的工作，让她在视频里看起来比同龄人苍老很多，而我每次都只好安慰她：

快了快了，马上就能回来了，再坚持三年、两年、一年……

就是这样苦熬着的五年，给家里换了房子、车子，给哥哥的房子交了首付。眼看合同马上期满，离回国就差一个月了，她却又跟公司续了五年的合同。

原因跟之前的大同小异：弟弟也要结婚了急需用钱，哥哥要生二胎，现在的房子太小，要换一套三室的新居。

我气炸了："你家就是个无底洞，你要填到什么时候才够？当年修房子好歹算是刚需，如今改善生活还要靠你？你哥哥弟弟都是成年人，需要用钱自己不会去赚？你好歹也为自己想一想行不行？"

她在电话那头还是哭，翻来覆去就只有一句话："我就这么几个亲人了，怎么能不管他们呢？再怎么说，他们也是我的哥哥和弟弟。"

在那一瞬间，我想起了曹七巧。

一样的能干，一样的无奈，也一样被家里人吃定。

比起财富上的缺失，内心的干涸才是最可怕的贫穷。

正如闫红老师写过的那段话：

若一个女孩儿生在轻贱女性的家庭，她可能就会以为这理所当然，更要命的是她会觉得，亲人尚且对自己这么坏，外面一定更危险。这也许是最彻底的摧毁，它不但剥削你，奴役你，打击你，还让你心甘情愿地维护这个体系，谁要是对它不利你就跟谁急。

二十世纪末，美国的心理学家做过这样一项实验：

把小白鼠放入一个带电击的盒子，几天之后将这个盒子和另一个不带电击的盒子连接起来，让小白鼠可以自由地在两个盒子之间往返，同时启动电击。

被电击的小白鼠会毫不犹豫地退回最熟悉的，那个带电击的盒子，而不会去选择另一个陌生但安全的区域。

这个实验得出一个结论：当小白鼠处在极度警醒的环境下，它们会极力避免任何激发各种生理或心理反应的新的可能性，即使这种新的可能会使它不再被电击。

在已知的痛苦和未知的焦虑中，一次次选择已知，进而掉进一个恶性循环，一遍遍地重复熟悉的痛苦。

人比小白鼠高明太多，但在这一点上，又与它何其相似。

越是没被爱过的孩子，就越难以跳出痛苦的陷阱。

一直被轻贱，所以不懂得自己的价值；承担太多焦虑和压力，所以更惧怕改变，惧怕新奇，本能地认为外面的世界更加危险；哪怕被身边的亲人不断地打击、蔑视甚至压榨，都会觉得那是唯一可以倚仗的东西。

因为它是熟悉的。

熟悉到成为一种本能，就能连它带来的苦难都让你甘之如饴。

更遗憾的是，想要改变这种本能，仅仅靠局外人轻飘飘的一两句话是不行的，这注定是一个会刺痛也会受伤的过程，比起方法论，更需要的是勇气与决心，也正因为如此，只有身在局中的人，才知道该如何破局。

只愿你得到过很真很甜的爱，若是没有，那么愿你有很多很多的勇气。

“我也想恋爱，但我爱无能”

同事姐姐跟我聊起自己的小表妹，一声长叹，怒其不争。

她表妹跟我同龄，马上迈过二十五的门槛，眼看就要以光速奔向三十了，还是每天只会跟她花样哀叹“好想有个男朋友”。

话听得多了，她也上心起来，从公司里的单身男同事到朋友圈里发展得还不错的老同学，再到同事的妹妹的朋友，红娘做了一次又一次，人情也欠了一大堆，可表妹倒好，折腾了一大圈，最终却还是独身一个。

每次相亲都去，每个男生都见，跟几个人暧昧过一段时间，甚至还跟其中的一个谈了小半个月的恋爱。

但也只有小半个月而已，然后表妹就又宣告了单身，继续在微信上对她狂轰滥炸："姐，给我介绍个男朋友……"

她崩溃了，跑来跟我吐槽：

"不是嫌 A 工资低就是嫌 B 太张扬，C 多好的一个金融海归男，她说人家太死板，给她介绍了个阳光大男孩 D，她又挑剔，觉得人家不稳重。

"就那个好不容易谈了小半个月的，两人出去吃饭的时候为吃火锅还是西餐拌了两句嘴，你说这又是多大点事儿啊，她就说感觉不对，闹着分了手。"

我心有戚戚："懂，特别懂。"

我认识的很多女孩儿都是这样的，整天喊着"好想要个男朋友"，但也就只是那么一说而已。

宁愿刷抖音也不愿跟对面的男生聊天；不愿意麻烦别人，也特别不想被别人的情绪打扰；一遇到小龃龉、小争执，想的不是如何沟通、如何解决问题，而是告诉自己"随缘吧，爱谁谁"。

会心动，但总难以持久。

想开展一段恋情，却没有接纳他人的能力。

心理学上有个概念叫作"爱无能"，它指的是一个人对于深刻的、需要相互交流的情感不感兴趣或无所适从。

在"爱无能"患者的眼里，爱情里的纠缠、妥协和互相了解都太可怕了。她们眼中的完美爱情，是《恋与制作人》里只要花一点钱就能得到的四个大帅哥和轻松的召之即来挥之即去的甜蜜浪漫。

他们回避矛盾，回避承诺，回避更深一层的试探与接触，像是蜗牛一样，只愿对着虚空伸出触角，一旦碰到点什么，就会立刻缩回来。

但很少有人会意识到这是自己的问题，更多的人，则是像同事的小表妹一样，永远都在寻找“更好的另一半”或是“更合适的那个人”。

心理学家弗洛姆在《爱的艺术》中写过这样一段话：

绝大多数人认为，什么都不用学就能爱。认为爱是个对象问题，不是能力问题。很多人觉得，爱很简单，难的是找到自己有能力爱也会被对方爱的合适伙伴。

仿佛真的有那样一个天造地设的灵魂伴侣，拥有八块腹肌，颜值逆天，能读懂你的每一丝情绪，跟你有着完全相同的品味和爱好，能为你抛家舍业只为博得美人一笑。

想象越完美，现实越不堪。而她们把爱情不成功的原因归咎为“没有遇到对的人”或者“都是我自己不够好”。

有的女孩儿让我觉得蛮心疼的。

她们固执地认为没有遇到真命天子都是因为自己不够优秀，于是在职场上拼命努力，下了班也积极健身认真阅读，专心致志地让自己变得更好，却因为太专注于“我够不够好”，反而不大有精力去关注别人。以至于明明有人曾被那样的优秀吸引，却又被优秀背后深藏的自恋推开。

网上有个这样的段子：

女神晚上打电话让我去她家修电脑，我去了一看，这也太简单了，十分钟解决完，回家夜宵都还没凉呢。

评论区一片“实力单身”“注孤生”的调侃。但仔细想想，那不就是每天喊着“想要个男朋友”却从来不愿抬头去真正看一眼对方的你吗？

爱情从来都是互动的关系，而不是一个人的独角戏，它的成功与否，并不取决于“你是谁”，而是“你愿不愿意看到对方的需要”。

这才是一段感情中最磨人，但也最宝贵的东西，走进恋爱大门的时候是你和我，出来的时候才能成为我们。

爱有时靠天赋，但它首先是选择。

我们不是生来就懂得如何去爱一个人，如何去处理这段关系中的矛盾的。

但很吊诡的一点往往又是，在关系中出现的问题，只能通过关系来解决，你永远无法通过理论规避掉爱情中出现的一切问题。

下一次当你想要逃开的时候，不妨先问问自己这几个问题：

1. 我给我的爱情设置了什么条件?

它必须要完美无缺吗?它只能成功不能失败吗?我需要靠它来维护面子吗?还是希望它能够支撑起我生活的全部意义?

很多时候,逃避并不是因为不想要,反而是因为把它看得太重,才会束手束脚。

2. 我有没有尝试过表达真实的感受?

我们害怕表达自己的感受,因为那意味着自我暴露,意味着会有被反驳,被忽视,乃至被践踏的可能。

明明有好感,却故作矜持地不理不睬;希望对方送自己回家,却嘴硬地坚持“我不需要你”。

美国作家芭芭拉·安吉丽思在《如何在爱中修行》一书中说:

如果内心的爱走不出去,别人的爱也进不来。只有学会掌控与人沟通的能力,才可以让爱天长地久。

承认自己的需求、愤怒、恐惧可以让别人很快知道你想要什么,也会让你的另一半感到被尊重、被欣赏。而每当你说“我不需要你,我不需要任何人”时,其实是在让心墙变得越来越厚。

3. 对于处理恋爱中的麻烦,我是不愿意还是不能?

很多时候,当我们搬出“爱无能”的标签来形容自己时,其实都是把它当成了挡箭牌,仿佛一旦有了这个标签,自己所有的逃避就都能变得有理有据。

但是对大多数人来讲，“缺乏爱的能力”并不是因为童年的创伤或者旧爱的阴影，而是因为自己每做一件事之前都想得太多：

我投之以木桃，他会不会报之以琼瑶？如果他不会，那我岂不是很丢人？如果他会，我又要怎么做呢？

好麻烦啊，还是算了吧……然后，就没有然后了。

发现自己有这种想法时，不妨先问问自己：

我是无法承受这样的麻烦，还是不愿意处理这样的麻烦？如果是前者，我需要什么能力？如果是后者，我应该如何平衡得到和给予？

你可以给自己贴上或者撕掉这张标签，你也可以给自己设置爱情的底线，主动权永远在你自己的手中。

但无论如何，别不战而逃。

总跟父母吵架的人，都没有真正的成熟

周末去一位朋友家玩儿，一开门就看见她眼圈红红，声音嘶哑：“刚跟我妈吵了一架，气死我了，本来还想着先打扫一下屋子，也没心情。”

我对她那一地的狼藉早已习惯了选择性无视，她一边在沙发上扒拉出坐的地方，一边跟我吐槽：“我昨天才出差回来，累得要死，想着你们今天过来玩儿，找个家政先把屋里收拾一下。我妈倒好，一听说我要花钱请人打扫，立马把我骂了一顿，连败家女这种话都说得出来，你说气人不气人？”

“那阿姨人呢？买东西去了？”我问。

她被我问得一愣，随即才反应过来：“哪儿啊，我妈她在老家呢，她没来。”

我觉得好笑，问她：“人都没来你们吵什么？你一周的差补够请一个月的家政了，这点小事你自己都不能做主？还用让你妈写个意见书？”

“也对啊。”她一拍大腿，“就是习惯了，之前在家做了那么多年的乖乖女，干什么事都要爸妈许可。看着长大了，离家了，经济独立了，可之前的习惯还是改不了，只要父母不点头，就本能地觉得这事不行。”

有个读者跟我讲过这样的一件事：

她在火车站遇到一个乞讨的老人，就把身上的五块零钱给了对方。就是这样一件小事，她告诉妈妈后被数落了两个多小时，两人越说越僵，最后还吵了一架。

“那种人一看就是骗子，这种当你还上，是不是傻？”

她郁闷地跟我吐槽：

“我也知道他很有可能是个骗子，可五块钱而已啊，就是骗子又能怎么样？

“我从大二开始就做兼职，挣的钱虽然不多，但拿来做每个月的生活费倒也绰绰有余，我们家又不是那种特别穷困的家庭，真不知道她在较真些什么。

“明明是做了好事，被她这么一搅，弄得像坏事似的，特别丧。”

我问她："那你既然觉得自己是做了好事，又能承担起'即便被骗'的最坏结果，能不能说服你妈，让她认可你，真的有这么重要吗？"

像个初次去游乐场的小朋友，身在广阔而斑斓的环境中，又惊喜又惶恐，每走一步都要回头看看父母，看到他们的笑脸和赞许才能放心地向前走。

我们早已过了那样稚嫩的年龄，可是寻求父母的认可和首肯，却成了长大后也戒不掉的习惯。

"我想去北京，但是我爸妈不让。"

"我想换工作，可是说服不了我妈，所以一直凑合着。"

"我妈不同意她做我的女朋友，说她家里没钱。"

说的时候亦是情真意切的痛苦，埋怨父母不够支持、不够民主，可对于成年人来讲，生活并不是事事都需要父母的首肯。

太多时候，是我们自己的决心不够坚定，计划不够细致，勇气不够充足，才会半推半就地将"决定"权交还给父母，也顺带给自己生活中的不如意找了替罪羊。

一个女孩儿在公众号后台给我留言，说自己太过内向，身边一直没什么朋友，上了两年大学，除了同班同学和舍友几乎一个人都不认识，看着其他人都去参加社团、晚会和各种活动，觉得自己很孤单。

"那你为什么不去喜欢的社团尝试一下呢？又不会有什么损失。"我问。

“我面对陌生人不知道该说什么，生怕自己说错话被人家嘲笑。”她说，“我爸妈也没有社交的习惯，都是下了班回家看看电视做做家务什么的，所以我从小这方面的能力就很差。”

可是然后呢？

社交既然是一种能力，就是可以被训练和培养的，曾经的不懂不会不擅长，并不能成为一个人故步自封的借口。

跟陌生人搭讪，你有 50% 的可能性被冷落，但也有 50% 的可能性会收获一个同样友善的笑脸。

概率上不过如此，阻止你迈出那一步的并不是“不可能”，而是踏入陌生世界的不适感。

很多人都在抱怨原生家庭的种种，而我很喜欢李松蔚老师讲过的那句话：

看见即改变。

当你意识到原生家庭有问题时，其实你已经跳出来了，你看到过其他更好的可能，才会察觉到问题的所在。

但很多人在看见之后依然无法摆脱原生家庭，其实是因为无法摆脱旧有方式带给自己的安全感。

我们习惯沿袭父母为人处世的风格，因为我们曾经目睹过它无数次的重复，它带来的后果和结局是可以预见的，因此，即便是面前摆着一条更好的道路，我们依然会选择退缩，因为陌生本身就等同于不安全。

可要有所成长，有的时候就必须去体验这些“不安全”，去尝试，去建立新的可能性，从过去走出来。

我喜欢朱迪思·维奥斯特在《必要的丧失》里写到的那个片段：

我渴望自己能够得到她的爱与认同，但我也渴望自由和自主。成长中所遭受的痛苦使我认识到，我无法获得自己所渴望的一切。

当我的母亲责怪我说：“你为什么不听我的话啊？我都是为你好。”

我摇摇头，仿佛要划清界限似的回答道：“让我来决定什么对我有好处。”

跟父母真正的分手，并不仅仅是从家里搬出去自己赚钱这么简单，也是摆脱对安全感的依赖，摆脱对父母给予的肯定、赞扬和认同的依赖。

感恩且平等，尊重但独立。

并没有多难，并不需要太多技巧，最需要的不过是真正做好准备的你。

准备好受伤，准备好受挫，准备好在想要缩回去的时候推自己一把。

一辈子安全的人，一辈子长不大。

生活最致命的痛苦，在于为成为自己而奋斗，但，它总是值得。

你去爱别人家的孩子吧，我不需要了

小表妹今年大学毕业，拿着简历愁眉苦脸地找我修改。

我一脸黑线地看着面前那张只有半页内容的 A4 纸，上面干巴巴地写着几句“本人有团队合作精神，吃苦耐劳”，问她：“你大学生活不是挺丰富的吗？怎么会没得写呢？”

“那你觉得我有什么能写的？”她反问我。

“奖学金没拿过一等；实习没去过五百强；在学生会才做到小部长就封顶了；自己弄的那个广播台，到现在还只有几百个关注；参加的创业竞赛就只得了个银奖。看上去什么都做了，可是什么都没做好。”她叹了口气。

不能这样想，我开始给她支招：“二等奖学金一个班也不过五个，你这就战胜了85%的人，况且你同时还去实习啊参加学生会啊，这是多方面发展；广播台听众不多，但你坚持了两年多，这是韧劲和抗压力；创业竞赛虽然没拿第一，但也学到了许多商业知识。”

“不行不行。”她连连摇头，“这就是忽悠人，我骗不了自己。”

“怎么是骗自己呢？奖学金是你拿成绩换来的，实习是你自己争取的，广播站是你一个听众一个听众积累出来的，有哪一样是瞎编的？”我问她，“你明明已经很优秀了，为什么这么没自信？”

她苦笑：“就是觉得自己不够好啊，我妈总说我不如别人家的孩子，我还不服气来着，原来是真的啊。”

“你还不够好？还有哪个别人家的孩子能超过你？”我随口接了一句。

她盯着我看了好一会儿，眼神复杂：“你啊。”

我险些吐出一口老血：“拜托，你妈可是连你毕业的GPA比我当年高了零点几分都能来我家唠叨十几次的主儿，你哪期节目她不在人前单曲循环几十遍？就你那几张证书，她一年能显摆无数次，她会觉得你不行？开什么玩笑。”

她也跟着我笑，眼圈红红的。

“姐你知道吗？我妈她从没夸过我，从小到大，一次都没有。”

前几天看到一个综艺节目，叫《少年说》。

还在上中学的小姑娘袁璟颐在勇气台上，一边哭一边对楼下的母亲控诉："你总是在说我，为什么你成绩这么差，看看你们班吴笛，人家年级第一，各种都好厉害，她怎么会选你做朋友。为什么我的努力，你从来都看不到？"

而她妈妈回答："我认为你的性格就是需要打击，不打击你的话，你就可能有点飘。"

这也太熟悉了吧，我们几乎都是在这句话中长大的孩子。

叫爷爷啊，你看人家妮妮嘴多甜，你咋就这么呆；

考试进步了别高兴得太早，你离第一名还差三十五分呢；

找到工作了也别得意，公司是不是五百强？年终奖有没有隔壁×××高；

你看人家×××厨艺多好，你生活能力怎么这么差，连饺子都不会包。

我们的父母跟袁璟颐的妈妈一样。

一边不遗余力地伤害她，一边苦口婆心地说这是为她好。

哪怕像我姨妈那样，背着表妹把她夸得天花乱坠，当面也绝不肯称赞一句，怕她飘。

可是对一个人的喜爱和认可，真的会让她停下脚步吗？

她只会跑得更用力而已，因为是你让她知道，她这么做是有意义的。

心理学家丛非从在《自我成长的力量》中写过这样一句话：

不要担心人会沉沦，人在安全的状态下，本能就是活出自己，就是上进，而不是无止境地退化。

我有位做老师的朋友曾跟我聊起她班里一个出了名难搞的“问题少年”。

各科作业是从来不写的，上课从来不听，让他在教室外面罚站，他就索性跑到操场上去玩儿，不及格的卷子从来都是看也不看直接揉成团扔进垃圾桶里，软硬不吃，油盐不进。

可这个男孩儿的爸爸又是学校的副校长，被各科老师告状告得狠了，往往直接在办公室把孩子海扁一顿，一顿打的效果勉强能维持两天，到了第三天，便又故态复萌。

那是她毕业之后带的第一个班，临近考试，她每天放学后都会把他叫到办公室单独补课，而他说：“老师，你对我好是为了讨好我爸吧？你可别打这算盘了，只有双百才能让我爸高兴。但你看我这样子，也不是每次都能考出双百的料子吧？别白费那功夫了，没劲。”

她说：“那一瞬间，我知道了他这么叛逆的原因。”

因为无论怎样努力，也不可能每次都考双百，永远无法让父亲满意，索性破罐子破摔，以此来逃避失望的鞭笞。

是啊，比起自己的失败，来自父母的失望才最伤人。

你去爱别人家的孩子吧，我不需要了。

雅基·马森在《可爱的诅咒》中写道：

年幼时，别人对待我们的方式，与我们对自己的认知有着密切的联系，如果我们是一直被爱着的，被认为是值得的，被认为是可爱的，我们就会逐渐形成“自己是可爱的”的认知。

相反，如果我们得到的爱是需要付出很多努力才能得到的，我们就会以为，“我”本身是不可爱的，“我”是因为做了什么事才被人爱，我一旦停止这样做，现在得到的爱也会随之消失。

那个得到又失去的过程，就是他的不能承受之重。

为了逃避失去的痛苦，他便直接选择不得到。

那样就不会失望了，就不会痛苦了，就不用自我怀疑了。

认定自己是个不可爱的坏蛋，也总好过一会儿被视若珍宝，一会儿又被弃如敝履。

而这种评价体系上的偏差，常常会伴随人的一生。

这也是在打压式教育下长大的孩子，要么乖戾暴躁，要么小心翼翼的原因。

他们拼命地想要证明自己的优秀与正确，却又因为担心无法永远保持优秀与正确，而显得戾气十足，患得患失。

所幸的是，人的一生中，能接触到的人并不只有父母。

一个人走出家门的那一刻，就是他重塑自我之时，那刻在骨子里的自卑、惶恐和不信任，虽然不是一两句话就能抹去的裂痕，但至少有了被自己看见的可能性。

而看见的一刻，就是改变的开始。

你的优秀从来不是拿来换取认可的商品，它也不应当是你的全部。

容许自己不去做那个“别人家的孩子”，才是对自己最温柔的放过。

你不要再对我好了，我还不起

跟一位读者聊起有关人际关系的话题，她向我坦白了一个“秘密”：

“我特别怕别人对我好，尤其是那种没理由的好，每当有人对我示好，我都忍不住猜他是不是想从我这儿交换什么。

“感觉自己挺坏的，特自私，特阴暗，总是从这种有点龌龊的阴暗角度揣摩人，万一是我自己多心呢？”

我秒懂她的苦恼，那也是支配过我很多年的有关人情的恐惧。

那是小学四年级，学校前一天放学的时候通知调课，可小学生嘛，一到了放学时间就立马切换为左耳朵进右耳朵出的疯魔状态，以至于第二天上课的时候，全班带对了课本的人还不到一半。

我坐在第四排，看着班主任的脸像月蚀一样一点点黑下去，她从第一排第一个人开始逐个检查课本，每个拿错的都被拎出来罚站。

我眼泪都快出来了。我是班长，老师要是知道连我都没带书一定会很失望吧，如果她让我也一起罚站，那又多跌面子啊。

眼看班主任就快要走过来了，我的同桌也是一个小女孩儿，她一把把自己的书皮撕下来，把书推到了我的面前，冲我眨了眨眼。

结果自然是她被罚站，我侥幸逃过一劫，甚至还成了老师口中"乖孩子"的模范。我感激得要命，把她当作我最好的朋友。

如果这件事到这里结束，那大概就真的是两个小女孩儿纯真无邪的童年友谊了。

我清楚地记得那是一节早读课，数学老师忽然杀进来让我检查大家的作业，声称所有没写完作业的同学今天都必须叫家长。

我一个个看过去，老老实实地打下钩钩叉叉，直到走到她跟前，她用手捂着作业本的一半，冲我几不可见地摇了摇头，低声说："别忘了我是怎么帮你的。"

是啊，她帮过我。

所以她眼中除了一点恳求之外，更多的是理直气壮。

我像一只被捏住翅膀的蝉似的僵在原地，时间只过去了几秒，对我而言却像是一个世纪。

她看着我在那张表上打下一个鲜红的勾，满意地冲我笑了起来，那笑容仿佛会说话。

我就知道，你不会让我失望的。

可我让我自己失望了啊。我原本以为自己特别公正，特别铁面无私，特别配得上胳膊上的三道杠，可我却为她破了例。有这一次，就还会有下一次，再下一次，没完没了。

大概是从那个下午开始，我忽然明白了一个很丧的人生道理。

人情就像是诱饵，贪食一点，终生嘴里有钩。

不出意外的，我长成了一个特别害怕背人情债的人。

舍友回老家带特产给我，我在网上偷偷地查好价格，然后随便找个借口，送一个价值差不多的给她；

同学帮我在图书馆占了座位，我就迫不及待地去帮她打水；

同事搬新家，送了我两个家里摆不下的大花瓶，我周末就跑去商场给她买礼物庆祝乔迁之喜。

表面上看来礼节周全滴水不漏，但我知道，我只是有点害怕而已。

我怕他们有朝一日也会说出“别忘了我是怎么对你的”，所以才想赶在他们开口之前，把所有的人情债都还清。

可最头疼的人情不是来自身边的熟人，而是一些突如其来的善意。

就比如我在公众号的菜单里写了自己的微信号，常常就会有读者来加我好友。有的人来提问，有的人来倾诉，有的人打个招呼便默默地围观我的朋友圈。我最怕的，其实是有一类读者，好友一通过就甩来一个红包：我好喜欢你。

不点吧，不给面子；点吧，又真的有点担心。

他是真的喜欢我，还是也想从我这儿得到什么呢?

会不会求我帮忙改稿子? 会不会让我帮她介绍 ×××？会不会问我一些关于“怎么注册公众号”这样的既没含金量又浪费时间的小白问题?

我常常会因为这样的一件小事犹豫很久。

既怕是自己把别人想得太坏，又怕自己只是在自作多情。

可你也知道的吧，有些事你越是怕，就越是来得频繁。

朋友圈求赞求拉票，求帮忙给编辑说情上稿，求把一篇一千字的书评改成一篇六千字的拆书稿。

每当这个时候，我都恍然间仿佛回到了四年级的那一天，又尴尬，又委屈，又愤怒。恨不得包个更大的红包砸回去：

你的喜欢你自己收好吧，我要不起。

这种状态持续了很久，直到有次跟朋友聊天，被她狠狠地笑话了一通。

“人家也就是一问，不行就不行嘛，一句拒绝的事儿，用得着直接绝交吗?

“再说了，人家不就是冲着你的关系和能力才喜欢你的吗? 让你帮着介绍个编辑改个稿子，也算不上多过分的要求吧。不然以你这个长相和身材，人家到底为什么要喜欢你？”

我竟无言以对。

虽然很想掐死她，但我知道她说得对。

当我想要回避人情的时候，我回避的其实是“拒绝”，为了不拒绝别人，我干脆就不给他们开口的机会。这样一来，我就还是那个“好人”。

我也很清楚，一个人被喜欢，首先就在于“有用”，无论是物质上的帮助，关系上的提携，还是心灵上的共鸣，谁不是因为这些“有用”才去喜欢一个人呢？

既然有用，就必然要被人用，唯一的区别只在于对方的请求是否是你力所能及的。

人情是不是钓饵，其实最终的决定权始终是在你自己的手中的。

你想硬凹完美无缺的小公主人设，你想假装温柔体贴有问必答的知心姐姐时，它就是钩。

但当你诚实地面对自己的过错，尊重自己的原则、时间和能力范围时，它就什么都不是。

做饵的不是亏欠，而是你希望自己去扮演一个你根本无法成为的那个人。

坦然接受别人的好意，尽自己所能地慷慨付出，从容地承认不能与不想，友善而不带敌意地去拒绝，这才是通畅无阻的相处之道。

在这条路上，你我皆是学徒。

你也只是假装很怕孤独吧

跟一群朋友聚餐，不知道是谁挑起孤独的话题，说起那句在传闻中百战百胜的搭讪法宝：

你表面看着挺开朗的，其实也会觉得孤独吧。

无论男女，无论年龄，无论职业，孤独二字像是个无往不胜的杀手，所经之处无人能敌。

我第一次体会到被孤独打败的滋味，是在大学毕业之后的第一年。

在那之前，无论是住在家还是住在宿舍，哪怕没有人说话各自忙碌，都会让人有种踏实的安全感。可一个人的生活将这一切统统打碎，取而代之的，是一种说不清道不明的怨念。

有觉得自己混得好失败，想吃火锅都没人陪的郁闷；

有加班到十点，闻到别人家飘来的烟火香气的歆羡；

有大冬天出差回家，只能面对冷锅冷灶的委屈；

还有比如灯泡坏掉，马桶漏水，炎夏深夜空调吱呀一声停掉等小事带来的无力感。

它们有一百种击垮我的方式，以至于让我常常很情绪化地被一对手挽手在小区花园里散步的背影感动得热泪盈眶。

打破这种状态的是一个圣诞节，小区附近的商场早早就挂起了彩灯和圣诞树，可我那天却正好感冒，吸溜着鼻子抱着杯热水，听着咫尺之外的欢声笑语，觉得自己特别惨。

想着想着，又从这种自哀自怜中生出一种莫名的恐惧，不久前看过的新闻像泥鳅似的从脑中一闪而过：

万一我对这种感冒药过敏呢？万一过敏得特别严重呢？万一窒息了呢？万一窒息了都没人发现怎么办？

越想越怕，越怕越觉得自己可怜，于是我果断开始自救，立刻打开微信找人聊天。有位不太熟的同事住在附近，我们聊了一小会儿，她问我："要不要出去转转？"

我当然忙不迭地答应，然后我们就在"去哪儿"这一点上进行了一场长达一个多小时的讨论。

去市中心吗？回来交通管制会不会不方便？去公园吗？圣诞树好

像也没什么好看的。去商场吗？要不要看电影？看完电影要不要吃饭？要吃火锅还是寿司？吃火锅的话，还要不要洗头要不要化妆？

我托着手机的小指都隐隐地感觉到了疼痛，眼看着聊天记录刷了一屏又一屏，忽然就生出一种莫名的疲惫感。在一个我们俩都陷入沉默的当口，我试探着问："要不咱们改天再约？这会儿外面到处都是人，开车也不方便。"

"好的好的。"她秒回我，附上一个如释重负的笑脸。

她大概也在后悔那句邀约吧，我们口口声声地说着害怕孤单，最怕的其实还是麻烦。

我有一个女友，人生最大的烦恼是没人陪她吃饭。

她是那种就连喝杯咖啡都要人陪的女孩儿，把一个人吃饭当作人际关系上的灾难，就连上大学的时候吃五元钱一碗的盖浇饭也要呼朋唤友，占满一张六个人的大桌子才算满意。

我曾经亲眼目睹过她的怕。

有次跟朋友聚餐，见她一个人坐在角落，就想着过去打个招呼。我从她背后走过去，听到她正在跟谁打电话，用那种有点娇嗔的语气说："你再不来我都吃完了。"

我站了一会儿，听她还没有挂断的意思，想着就先打个招呼然后回去，刚拍了下她的肩膀，就被她像救命稻草一样拉住：

"你陪我坐一会儿，坐一会儿再回去吧。"

而她一直放在耳边的手机，却始终是黑屏。

那大概是一通从来都不存在的电话吧，她靠着自己与自己的对话暗示着所有人：

我可不是一个人哦，我是有人陪的，我人缘很好的，一点也不孤单。

我在那个瞬间读懂了她的恐惧：她必须先是有人陪的，受欢迎的，才能是成功的。

她怕的从不是孤单本身，而是别人眼中她的形象。

你看，我们都是假装害怕孤单的人吧。

当我们试图逃避孤单的时候，我们真正想要逃开的，是隐藏在那个标签之下的虚弱、失败、不被理解和无力感。

可消化这些情绪又是你与自己的斗争，它无法靠逃进一个集体、一个怀抱就不战而胜。

与自我作战是一场太过艰苦卓绝的斗争，以至你有时会主动以孤独为名把自己藏起来。

藏在朋友圈里，藏在各种交友软件里，藏在一切能够快速跟外界产生一点联系，让你获得些许“关联感”的社交平台上，仿佛每刷新一次，你都能过得充实一点。

可然后呢？

快感过去之后，你还是不能从中获得理解，确认自己的存在。一遍遍地刷新加载只会让生活更加无聊孤单，那些看似抄了捷径的方法像是一堵墙，挡住了你真正的解脱之路。

胜出的秘诀从来不在于别人，而在于你自己，在于你是不是足够了解自己，有没有强大到只忠于内心，能不能跟人建立起真实有效的关系。

它在于“给”而不仅仅是“得”，在于“创造”而不仅仅是“接受”。

我很喜欢那句形容孤独的话：

孤独两个字拆开，有孩童，有瓜果，有小犬，有蚊蝇，足以撑起一个盛夏傍晚的巷子口。

那是很美很热闹的孤独，但愿你能享受。

姑娘，聪明不够，要有勇气

第一次听小 U 讲起想跳槽的念头，说来已经是两年前了。

她在一家事业单位做行政，负责的是那种记录一下考勤，整理整理资料，给各科室送送文件的轻松活计。

刚工作的时候尚且觉得新鲜，但时日一长，整个人便像是冷藏箱里被无聊慢慢腐蚀的一颗鲜橙，以肉眼可见的速度失水干瘪，每一天都比前一天枯萎一点点。

她就是在那个时候动了转行的念头，大小聚会都少不了一通拜托：

“要是有合适的机会，能不能推荐一下我？”

她上学时是妥妥的学霸，能力智商大家都有目共睹，毕业那年以全市第一名的成绩夺下了这份羡煞无数人的“钱多事少离家近”的铁饭碗。她既开了口，便有不少人主动帮她介绍工作，可机会到了面前，她却总是犹豫。

这家公司开的工资比我现在还低哎，我跳过去房贷怎么还；

朝八晚六哎！无形中每天就多工作两个小时，再加上来回通勤，小半天就没了；

这家公司是家族企业吧，人际关系肯定很复杂，在这种环境下工作肯定特别耗人。

横着比工资福利，竖着比工作强度，斜着比通勤时间和年假天数，一通比较下来，竟没有哪个能在各个维度完胜她现在的工作。渐渐地，她便不再念叨转行的事了，只剩单纯的吐槽和抱怨。

上这种班有什么未来嘛，就是混吃等死；

同事都特别无聊，除了家长里短没有别的话题；

科长是个油腻中年男，每天早会都喷着韭菜味儿的口气。

不满意和不满足像是湿滑雪道上越滚越大的雪球，终于压得她喘不过气来。

她偷偷联系了几家公司，有的根本没回音，有的面试之后就再没音讯，只有一家初创公司向她伸出橄榄枝，却被她自己拒绝了。

“我都快三十岁了，让我跟一群毛头学生一起从头开始，那怎么行。”

我有点懂得她那句感慨中的不满与不甘心。

过去的那些年，那份如同鸡肋一般的工作成了她敝帚自珍的沉没成本。

没有被珍藏的价值和升值的空间，却又舍弃不起。

前几天，有个女孩儿找我聊天，抱怨父母专制，不仅干涉她的恋爱关系，就连交个朋友也要经过父母火眼金睛的严格审查。

她快被逼疯了，连着在好几个深夜找我商量对策。

她已经开始工作，却还住在家里，我建议的第一步就是先搬出来自己住，有了独立的空间，才有争取自由的资格。

她诺诺应承，然后又问：

“可我爸妈肯定不会同意的，我要是硬搬就得闹翻，说不好他们还会跟我断绝关系，到时候可怎么办？

“我刚毕业也没多少钱，房子倒是租得起，但生活质量肯定就没法保证了……

“我们这个城市不大，我要是跟父母闹翻了，别人会怎么看我呢？会不会说什么闲话？”

像是把自己整个人生打包压缩，试图在我这里寻找一个安全稳妥的打怪攻略，有了那一纸答案之后，才敢迈步向前。

我也能够理解那种胆怯。

我们不都是这样的吗？

在已得到和会失去中间牢牢抓住眼下，在熟悉和未知之间毫不犹豫地选择当下的安全。

有一寸光，照一寸亮；有一口粮，筹划一段生计。

精打细算，聪明有余，却从不敢冒险。

正是因为如此，我有时特别羡慕那种勇敢的人。

她们是那种看到苗头不对，就敢坚定地说“不”的人，那种干脆果断和“无论什么代价老娘都付得起”的决心，总是自带神挡杀神佛挡杀佛的硬气。

认识一个在纸媒工作的姐姐，前几年放弃了年薪三十万的高管职位，自降身价跑到了一家新媒体企业。聊起之前钱赚得有多容易时也不是不肉疼，但纸媒的衰落已成定势，再舍不得也要舍。

她离开的时候，那家公司还能在表面上维持一片繁荣。不过短短三年，缩印，裁员，停刊，一切都快得让人来不及反应。前同事们一片惊惶，而早已离开的她却已经找准了新媒体的命门，做得风生水起。

通用电气的传奇 CEO 杰克·韦尔奇讲过这样的一句话：

不要做沉没巨轮上的最后一人。

可直到它真的沉没的那一刻，又有几个人能战胜侥幸心理呢？

不是不知道船会沉，只是还不够勇敢。

说来也蛮好笑的，有时候越是聪明的人，就越是很难勇敢。

像一个殚精竭虑的围棋手，算一步不够，三步不够，总想要看到十步之外，确保胜利无虞之后才肯迈步。

跳个槽希望薪水福利和年终奖只涨不跌，少一点都像是巨大的损失；

为自己争取什么东西时总是小心翼翼地计算着，如何才能用最少的代价换取最大的利益；

盘算着自己走的那条路是不是两点之间最短的那一条，计较着自己的付出和得到是否守恒。

反而是那些看上去“笨一点”的人更有勇气。

她们好像从来都不懂什么人生规划，想做什么就去做，去做了就坚持下去。她们也不大会算计利弊得失，宁愿以亏本的状态开启另一段生活。

可正是这种看上去不甚精明的人，往往才是最大的赢家。

因为不计较，所以不会失去；因为不在意，所以不会受伤；每一点收获，都配得上自己的努力。

人生本就是暗夜赶路，你永远不知道下一脚踩中的是水洼还是土地。你迈出的每一步，都是运气和努力制衡的赌局。

愿你聪明，看得懂未来，也算得出代价。

也愿你有一点勇气，敢于去改变，去冒险，去舍弃。

十八岁之后，
一个人要活成自己的原生家庭

一个刚高考完的小姑娘找我聊天，为自己敏感自卑的性格忧心不已。

她家境平平，父亲在外打工，每月只寄生活费回家，对她从无半点关心；母亲为了让她专心学习，采取高压的管教方式，动辄打骂，也不让她跟任何同学交往。她没有朋友，也没有任何娱乐活动，每天都小心翼翼地看着母亲的脸色，生怕一不小心就招来一通怒吼。

她高考的成绩很好，收到了一所著名高校的录取通知书。她被拉进一个同级新生的 QQ 群，那个三百多人的群，对她而言，犹如另一片天地。

“她们讨论的明星我不认识，她们聊的综艺我没看过，她们讨论八月哪里的风景最美，可我连省都没出过。”她说。

明明是站在同一条起跑线上的人，在那一瞬间，却发现彼此间隔着天堑。

有次她终于鼓起勇气在群里说了句话，其他人却正聊得火热，根本没人注意到她，她便对着手机焦虑得抓了狂：

是不是我说错话了？

他们为什么不理我？

那个表情是什么意思，嘲笑我吗？

她甚至一个人躲在房间里偷偷地哭了一场，为自己的笨拙、自卑和敏感，也为自己的不被喜欢。

我太能理解那种感觉了，就像初进荣国府的林妹妹，处处小心，步步留意，生怕出了丑被人当成笑话。

官家出身的林妹妹尚且如此，更何况家境普通又从来没被妥善爱过的她。物质上和精神上的双重匮乏本就是巨大的压力，更何况目力能及的都是比自己更好的人。

她们青春自信，她们见多识广，她们能够轻松地掌控谈话的节奏，也可以在群里讨论 Mac Pro 和 Mac Air 哪个更好用。

那些原本无心的对话在她看来，都是向她暗示着“你不行”的棍棒刀剑。

原本期待已久的开学成为了她的噩梦，她甚至会忍不住想，如果自己考得差一点就好了。

考得差一点就不必去大城市了，就不用认识这些人了，就不会被比得一无是处了。

这想法听起来真傻，却也让人忍不住心疼，有人的原生家庭是福，但对于另一些人来说，却是无法承受之重。

物质上的改善，归根结底只是时间的问题，可精神上的匮乏，却不是几句“要加油”“要努力”就能抹去的烙印。

我认识一个女孩儿，事事谨小慎微，从不跟人红脸，即便是对方无理取闹，也能一直忍气吞声，甚至还能保持微笑。

被舍友欺负如是，被男友劈腿也如此。后来才知道，她从小就被父母寄养在舅舅家，自小学会看人脸色，逐渐养成了这样逆来顺受的性格。

原来她笑的时候，也不是无所谓的啊。

不过是伸手不打笑脸人。仿佛始终保持假笑，就能让自己免遭更多的痛苦。

还有一个男生，平时温文尔雅风度翩翩，可一谈恋爱，就会不由自主地变成控制狂，好几次恋爱都因此而无疾而终。

他就是出自这样的一个家庭，他上小学的时候母亲出轨，父亲身在外地不闻不问。他日日看着母亲跟其他的男人并肩调笑，一边深恨母亲的不检点，一边埋怨父亲的不关心。

所以他才会以为恋爱就是要把一个人牢牢地捏在手中，只要控制住了对方的交际圈，就可以得到一个人的心。

他们都是受过高等教育的聪明人，这些话说开来，他们自己也是不信的。她不相信讨好就能安全，他也不认同控制等于幸福。

可你看，原生家庭的影响就是这么大，可以让一个人在潜意识中被自己并不认同的理念牵着鼻子跑。

不知道你有没有留意到，无论是在身边还是在网上，喜欢讨论“原生家庭”的群体，大多都是十八岁到三十岁之间的人。

再小一些，不理解原生家庭的概念，再成熟一些，人格都已定型，讨论得也无济于事。

而十八岁到三十岁，恰好是大多数人的认知形成期。你会在这段时间里开始自我检视和自我怀疑，能够明确地意识到自己的缺点和短板，发现自己并不是想象中那个很好很优秀的大人。

这样的发现无疑会让人感到痛苦，于是原生家庭便成为了一个巨大的泔水桶，你把对自己所有的不满都一股脑地倒进去，甚至还会遇到同来倒垃圾的朋友，三五扎堆地吐槽起自己的父母和家庭，吐完苦水互相安慰几句，然后又不痛不痒地散去。

对啊，我们的原生家庭都不够好。

但万幸的是，我们始终具有重塑自我的能力。

而十八岁到二十二岁这段时间，正是一个人重塑自我最好的时机。

不得不和室友朝夕相处的宿舍生活和利益冲突不多的人际关系，是一个人培养社会能力最好的土壤，它让你借由交往来认识他人，也借由关系来认识自己。

你为什么发火？为什么害怕？为什么无法信任他人？

谁让你觉得舒服？哪句话让你感动？你想成为什么样的人？

别人是怎么聊天的？我跟对方的差距在哪里？这些差距要如何弥补？

这些细微的自我察觉，就是你重生的开始，而你遇到什么样的人，直接决定了你能成为怎样的自己。

能跟优秀的人组队，真的是一件很幸运的事。

所以，不要逃。

哪怕它伴随痛苦、焦虑和失望，它也终将带领你走向更好的人生。

成长没有魔法棒，没有谁轻飘飘地点你一下，你就马上能变成心目中那个理想的自我。重塑自己的路只能自己来走，而坚信你可以，则是最强大的动力来源。

我很喜欢三毛的那段话：

所有的人，最初都只是空心人。所谓自我，只是一个模糊的影子，全靠书籍绘画音乐电影和与他人的关系召唤出方向，并用自己的生命来填充，逐渐成为实心人。

而在这个由假及真的过程里，最具决定性的力量，是时间。

没有伞的孩子，你要跑得更快，觉醒得更早。